上海研究院
智库报告系列 | 丛书主编 李培林

SHANGHAI

中老年社会心态与
互联网生活

SOCIAL MENTALITY AND
ONLINE LIVES OF THE ELDERLY

高文珺 何祎金 朱迪 王晓冰 ／ 著

社会科学文献出版社
SOCIAL SCIENCES ACADEMIC PRESS (CHINA)

"上海研究院智库报告系列"编委会

主　编　李培林

副主编　李友梅　赵克斌　周国平

编　委　熊　厚　杨会军　陈　瑶　朱　承

目 录
CONTENTS

第一章 中老年信息化融入的研究意义 / 001
  一 数字与现实：网络世界中的中老年人 / 002
  二 他山之石：欧美国家的经验 / 006
  三 行动愿景：描绘中老年人的互联网生活 / 009
  四 内容与结构 / 011

第二章 中老年社会心态与互联网生活分析框架 / 015
  一 从理性选择、有限理性到行动愿景 / 016
  二 社会心态与行动愿景 / 020
  三 信息能力和网络生活的行动愿景 / 022
  四 中老年人互联网使用的类型学划分 / 028
  五 行动愿景分析框架 / 034
  六 小结 / 035

第三章 方法论与研究方法 / 037
  一 互联网生活研究方法 / 037
  二 本研究的研究对象和方法 / 039

第四章　中老年互联网生活现状 / 046

一　中老年人互联网使用的趋势与特点 / 046

二　中老年人互联网使用的基本情况 / 049

第五章　中老年信息化时代的美好生活需要与积极社会心态 / 074

一　中老年人追求品质化生活的需要 / 075

二　尽享天伦与独立自主需要并行 / 078

三　养老观念的转变 / 081

四　信息化需要增多 / 086

五　互联网与中老年人美好生活需要变化的关联分析 / 093

六　中老年人互联网融入的障碍 / 107

第六章　中老年网络素养测量与分析：信息能力 / 110

一　网络素养的构成：信息能力和网络安全素养 / 110

二　信息能力的测量与分析 / 111

三　互联网安全素养的测量与分析 / 115

第七章　中老年行动愿景的测量与分析 / 118

一　行动愿景：互联网世界 / 118

二　行动愿景：生活世界 / 121

三　互联网世界与生活世界的交织 / 126

四　互联网愿景与网络素养的交织 / 130

第八章　行动愿景框架下中老年互联网行为分析实例 / 134

一　中老年人互联网受骗与预测模型构建 / 134

二　中老年人表情包使用的社会心理内涵 / 144

第九章　中老年互联网行动愿景的定性分析 / 151

一　中老年互联网生活画像：行动愿景如何具有显著性 / 151

二　中老年行动愿景类型 / 154

三　中老年信息能力分类 / 187

四　中老年行动主体的类型 / 194

五　互联网行动愿景的影响因素 / 197

第十章　中老年互联网行动愿景与行为的机制分析 / 203

一　心理机制 / 203

二　文化机制 / 211

三　社会机制 / 216

四　畏惧机制 / 224

五　家庭机制 / 233

第十一章　结论和促进中老年互联网融入的建议 / 242

一　基于行动愿景的中老年互联网行为 / 242

二　促进中老年互联网融入的建议 / 246

参考文献 / 250

第一章　中老年信息化融入的研究意义

不可否认，互联网已经渗入了我们日常生活的方方面面，出行、购物、就医、缴费、投资理财……都可以上网完成；商场血拼、饭店就餐、菜场买菜、路边买烤红薯，都可以用手机支付。越来越多的人享受到了互联网带来的快捷和便利。互联网技术的发展，以及它在日常生活中的渗透，带来了诸多过去难以想象的便利。但是，并非所有人都能享受到互联网发展带来的红利。不仅存在尚未接入互联网的群体，亦有一部分人虽然接入了互联网，却因为疑虑和担忧，行动受到极大的限制。这一问题在中老年互联网使用者那里尤为突出。截至2018年6月，中国网民规模达到8.02亿人，其中50岁以上的中老年群体占10.5%。那么作为网民中的少数群体，中老年人在智能化和网络化的社会中，是同样乐在其中，还是迷茫无助？信息化是否给中老年人带来了生活方式的转变？信息化对中老年人的社会心态是否有深层影响？中老年人在信息化时代的心理需要有哪些特点，这些特点与其互联网使用行为是否有关联？本研究将围绕这些问题，以社会心态为切入点，从行动愿景视角出发，绘制一幅中老年互联网生活的画像，揭示中老年互联网融入状况、融入信息化时代所面临的困境、信息化时代的社会心态特点，从而提出推动中老年融入信息化时代、塑造积极社会心态的建议。

一 数字与现实：网络世界中的中老年人

需要特别指出的是，中老年人作为调查研究的对象，在本研究中泛指50岁及以上的代际群体。[①] 对青年人、中年人和老年人的划分，在不同文化和政策之下，各国都有自己的标准。本研究以50岁及以上的中老年人作为研究对象，一方面是因为，在中国传统观念中，年过半百是进入老年时期的一个标志。而在实际调研过程中，我们也发现50~59岁阶段的中年人群中，很多已经进入退休生活状态，对互联网的使用程度也普遍偏低。另一方面，根据我国网民总体的年龄结构，50岁及以上人群可界定为老年群体，中国互联网络信息中心（CNNIC）的报告中，将50~59岁界定为低龄老年群体，60岁及以上界定为高龄老年群体。50岁及以上的人群所占的比例总体都较低，尤其是60岁及以上的高龄老年群体，所占比例极低。但是，数量少并不意味着他们不重要。当整个社会都被信息化包裹的时候，作为网络社会的后来者，我们没有理由在互联网的连接社会中忽视这一群体的存在。因此，我们将50岁及以上的中老年人的互联网使用状况作为主要研究对象。

1997年，中国互联网络信息中心（CNNIC）第一次发布中国互联网的发展报告。至今，已有42次报告相继发布，勾勒出了中国互联网和网民变化的历史发展轨迹。根据2018年7月发布的第42次

[①] 中老年泛指处于某一生命阶段的群体。在本书的论述中，为了便于理解，除了各章标题外，在具体阐述中，会使用更为日常化的"中老年人"一词。

《中国互联网络发展状况统计报告》，截至2018年6月，中国网民规模达8.02亿人，互联网的普及率达到了57.7%。其中，手机网民人数达7.88亿人，手机上网使用率为98.3%。这是一个增速较快的领域。但是，在网民总体的年龄结构中，依然以10~39岁的人群为主，占到整体的七成以上；而50岁及以上的，占10.5%；60岁及以上的互联网用户占5.1%，比2016年增加了1.1%。这意味着互联网在持续向高龄人群渗透（中国互联网络信息中心，2018）。

对于个人互联网应用的发展状况，报告列举了五大块的内容，分别涉及基础应用用户的稳健增长和综合类平台内容优化进程加快；互联网理财使用率提升明显，市场规范化有序化发展；电子商务与社交应用融合加深，移动支付使用率保持增长；互联网娱乐健康发展，短视频应用迅速崛起；共享出行用户高速增长，市场资源得到进一步整合等内容。对个人而言，在互联网应用中，即时通信的使用率达到了94.3%，其次是搜索引擎、网络新闻和网络视频、网络音乐；网上支付和网络购物的网民使用率也均在七成以上。可见，无论是获取信息、休闲娱乐还是日常消费，互联网在不同的生活领域中都占有重要位置。

比较其中发展迅速的行业会发现，互联网理财2018年网民使用率为21.0%，半年增长率达30.9%（根据第41次CNNIC的报告，该应用2017年的年增长率为30.2%）；同样增长较快的是网约出租车和网络专车或快车，它们2018年的网民使用率分别为43.2%和37.3%，半年增长率分别为20.8%（2017年的年增长率为27.5%）和26.5%（2017年的年增长率为40.6%）。这些数据都表明，服务性互联网应用越来越受到欢迎。此外，在CNNIC的统计报告中，网上支付用户规模达到了5.69亿人，占网民的71%；其中手机支付用户规模增长迅速，达到5.66亿人，在手机网民中占比达到了71.9%，这也意味着移动互联网与日常生活和线下经济联系密切。

在这些抢眼的数据背后，我们仍能不时看到一些令人惋惜甚至痛心的事件在媒体中出现。例如，一位春节想要探望女儿的老年人，因为不会使用网络购票，连跑六趟火车站排队却依然无法买到车票，最后竟痛哭下跪。随着互联网技术对日常生活的渗透，越来越多的生活事务已经网络化。对于熟悉互联网应用和操作的年轻人来说，我们享受到了网络化带来的快捷和便利，可以轻易使用网络银行和手机应用进行票务预订。但是对以老年人居多的、尚无法熟练使用互联网操作的人而言，探亲或者回家的路也许成了最远的路。颇具讽刺意味的是，社交网站知乎对这一事件的讨论，有一条内容列举了几个手机应用车次表的截图，提示根据老年人的出发地点和终点站，可以采取转乘的方式到达目的地，并认为铁路的乘务员没有尽到责任，他们有义务提醒老人直达之外的路线选择。吊诡的地方在于，评论者在买不到票的情况下可以搜索相关信息，通过网络来寻找解决方法，这对那位束手无策的老年人而言，本身便意味着一个尚难以逾越的技术门槛。这一事件具有一定的代表性，它预示了在互联网改变生活、带来光明前景的同时，虽然大多数群体可能获益，但总有一部分人并没有被互联网的普惠阳光照到。

值得注意的是，中老年人中也不乏互联网的积极使用者，接入互联网本身被视为积极融入社会的一种表现，这部分人群本身也代表了一个庞大的消费者群体。中国国际电子商务中心内贸信息中心和京东战略研究院（2017）联合发布的《老年网络消费发展报告》指出，在其平台上，老年网民群体消费增长迅速，同比提高78%，并且，老年商品的销售额也增长近61%，购买者人数同比增长64.8%。《中国老龄产业发展报告（2014）》数据显示，2014~2050年，老年人口消费潜力将从4万亿元左右增长到106万亿元左右，占GDP比重将从

8%增长到33%左右（吴玉韶等，2014）。结合前面买票难的案例，以及老年消费群体数量的显著增长，可以看到，老年人的消费需求尚未得到完全满足，他们不仅是一个重要的互联网使用者群体，也是一个拥有巨大消费潜力的群体。

然而，在增长的同时，在大众媒体营造的形象中，我们常常会看到另一幅画面。许多老年人在网购的时候被钓鱼网站诈骗，或者因为网购保健品而损失惨重。诸多事件带来的后果，乃至在大众中容易形成一定的刻板印象，他们担心那些在网络上活跃的老年人，并不具备分辨信息真伪的能力，他们是互联网上的信息弱者。尤其作为子女，对有一定经济能力和自主权的父母，对他们的网络生活和行为充满了担忧与疑虑。对于接入了互联网的老年人而言，他们需要学习和掌握各种信息技能，以在互联网世界中展开行动。同时，还需要面对来自互联网的风险，在做出选择之前对各种信息内容和来源进行甄别与判断。网络生活对他们来说并不是一件简单的事，乃至在子女的说教下会选择限缩自己在网络上的活动空间。

可见，不管从经济发展还是社会发展的角度来看，老年人的互联网生活都是一个复杂却又重要的议题。尤其是对一个正在向人口老龄化迈进的国家而言，现代社会和互联网的发展，不应该遗忘这一群体的存在，使他们成为互联网时代的孤岛。一方面，互联网在技术方面的发展，可以为老年人的日常生活和消费，甚至是对养老产业的发展和完善带来助益；另一方面，技术的发展虽然以突破为目标，但是它不应该成为冷冰冰的机器、各种复杂的线路和五颜六色的接口，它还需要对环境、文化和伦理问题加以考虑。这不仅是企业和公司的问题，亦是整个社会需要面对的问题。

二 他山之石：欧美国家的经验

事实上，在欧美一些传统意义上的发达国家，人口老龄化伴随着巨大的公共服务开支，已经成为日益严重的社会问题，亦使得福利国家的养老和照护政策面临巨大挑战。许多政府寄希望于信息技术带来的效率和便利，纷纷提出自己的数字化、信息化政府和服务转型的发展战略。对欧美国家经验的简单回顾，为我们在政策层面理解老年人的互联网融入提供了有价值的参照。

就网络用户的人口特征而言，在一些发达国家，65岁以上的老年人，互联网的使用率已经超过了半数。2012年英国内阁办公室进行了一项互联网使用调查（Digital Landscape Research），访谈了1298位成年人，其中65岁以上人口在线率达到了59%，但是仍有41%处于未接入互联网的状况。同年，美国皮尤研究中心（Pew Research Center）对美国成年人进行互联网使用状况的调查，电话访问了2254名18岁以上的美国人。报告的最大发现在于，超过半数的65岁以上老年人使用互联网或者电子邮件，这是第一次发现有半数以上的老年人使用网络，并且，在老年人互联网使用者中，70%的人将使用互联网当作日常生活的一部分。另一个增长幅度惊人的数据是老年人的社交网络使用状况，从2009年的13%增长到2011年的33%。至2012年2月，34%的65岁以上互联网使用者会使用社交网站，其中18%的人会在日常生活中使用社交网站（Cabinet Office，2012）。

2014年皮尤的另一份报告指出，老年人的互联网用户由53%增长到59%。报告还揭示了老年人在新科技的接纳上存在的一系列问题：首先是身体上的挑战，身体状况和健康问题对他们使用新科技设备构成了问题；其次是对科技带来的益处持怀疑态度，虽然有49%不使用互联网的老年人认为缺少互联网接入在信息的获得上处于弱势，但是仍有35%不使用互联网的老年人对此不以为然，不认为自己会错过什么重要信息；最后是老年人在数字设备的学习使用中存在困难。77%的老年人认为自己需要在别人的帮助下使用数字设备。在老年上网者中，仍有56%的人需要在朋友或者家人的帮助下使用数字设备（Smith，2014）。

事实上，对于未接入互联网的人而言，尤其是针对边远地区的老年人而言，他们的信息和数字技能在当代可能会遭遇更大的挑战。这部分老年人在经济、行动能力和空间上都处于较为不利的位置。对许多政府而言，提高他们的信息技能成为社会政策需要解决的问题。为此，针对老年人的信息融入，使他们接入互联网世界中来，几乎成为一项共同的社会政策，并将降低不使用互联网的中老年人口数量当作致力于实现的目标。

研究者同时也关注电脑和互联网的使用对老年人身心健康的影响，在20世纪90年代便开始了一系列研究。例如，针对阿尔茨海默病老年人使用电脑提高其选择能力的研究；通过教育老年人使用电脑和互联网以提高社会互动和实现个体赋能的研究；使用互联网和电子邮件降低孤独感的研究；等等。研究发现，培训老年人使用电脑和互联网，可以给老年人的生活质量带来积极的影响（Findlay，2003）。对老年人而言，社会隔绝（social isolation）是比较突出的问题。大部分人在退休之后，因为社会参与和户外运动的减少，容易滋生厌倦情绪和孤独感，给老年人的身体和心理健康造成不利影响。随着通信技术的发展，尤其是互联网的社交网络属性的加强，学者将目光投向了这种新技术的应用，以期这种新的方式使老年人获得信息、互动和休闲的机会，从而提高他们的社会联结（social connectedness），避免成为相对孤立的个体。

但是,问题远比我们想象的要复杂。在对互联网降低老年人社会隔绝的研究中,西方学者认为这一议题本身便面临诸多挑战。使用互联网需要掌握基本的电脑技能,知道什么样的信息可用,文档的结构和储存,访问和处理,甚至包括了键盘、鼠标、菜单和窗口目录的操作。他们认为这是一个需要高度认知的活动,包括了记忆、推理、学习和问题解决的技能,它们正是老年人随着年龄增长而面临的挑战（Firth & Moore,2008）。除了基本信息能力的要求,有时候心理因素和主观态度在较大程度上影响了老年人的互联网使用。在英国和美国,虽然使用互联网的老年人具有一定的人口基数,但是仍存在一系列身体和心态方面的疑问。这种心理上的疑虑,除了皮尤报告,同样可以在英国的调查中发现。对于那些愿意学习使用互联网的人而言,有的人认为互联网很神秘,亦有的人认为掌握之后其实是很简单的事情。还有一部分人存在信心不足的问题,担心弄坏电脑或者丢失数据。他们信任互联网,但是对自己缺乏信心。因为忧心弄坏别人的设备,而倾向于在自己的设备上进行操作实践。由此可见,在客观可观测的行为背后,一些看似主观的态度和价值判断,实际上在较大程度上影响了中老年人的互联网行为。换言之,技术之于生活,本身便被赋予了较强的社会性在里面,后者也是研究者需要考虑的内容。

这些欧美国家的经验向我们揭示了一个事实,即对中老年人互联网使用状况的考察,研究者需要面对的是一个非常复杂的社会现象。首先,中老年人本身并不是一个均质化的群体,在身体和心理上,他们本身有着各种各样的状况。这些状况表现在对互联网的接受和学习使用中。其次,研究者也没有办法将他们对互联网的使用或者态度,简单地归因为社会经济地位和受教育程度这样的传统变量,它需要我们更为精细地考察这一群体在互联网社会的日常生活,进一步追问行为表象背后所描绘的意义世界。

三 行动愿景：描绘中老年人的互联网生活

为了对中老年人的互联网生活和心态进行考察，我们在社会心态的基础上，提出了行动愿景这一建设性的分析框架，不仅关注老年人网络生活中具体的行为和选择，亦关注他们对互联网与生活世界相互交织在一起的意义世界的理解和想象。以行动愿景作为分析框架，主要基于以下几方面的考虑。

首先，中老年人的网络生活实际上会比我们想象的要丰富和复杂，简单的"上网"二字难以概括其内涵。在过往的统计报告中，虽然会提供互联网用户数量和使用互联网应用的数据，我们也可以获得一种概括性的认识，但是"上网"实际上蕴含了丰富的可能性。使用社交网络、收发邮件、网络购物或者检索信息，乃至遭遇网络诈骗，每一个具体的行为，都可以在统计学意义上进行观察、测量和记录，但是行为背后的原因和意义，或许不是那些描述性数据本身所能涵盖和解释的。

其次，在社会学的经验研究中，社会经济地位是较常见的变量，在考察因果关系或者相关关系的时候，其对许多社会现象具有较强的解释力。但是，正如"上网"会指涉复杂的网络行为，背后亦能衍生丰富的意涵。当我们要探求因果关系或者相互联系的时候，社会经济地位这组常见的变量也会遭遇挑战。虽然具有一定程度的解释力，一些研究会指出，具有较高社会经济地位的群体，使用互联网的人数更多，但是，社会经济地位和上网之间并不是简单的因果关系。对人数的经验发现更像一种来自常识的判断得到了佐证。我们之所以对互联网生活进行考察，是因为中老年人对于互联网，并不是简单的上网或者不上网、使用或者不使用的二元关系，是与否并不是问题的答案。即便是使用互联网的中老年人，他们对互联网的介入也存在程度上的差异，既有熟悉各种应用的"网络达人"，也有在网络世界的大门口犹豫徘徊，甚至关上网络之门的人。显然，这里还涉及了主观的认知和想象，它不仅会对行动者在网络世界中的行为和选择产生影响，亦意味着同一种行为可能被赋予不同的意义。例如，有的人会将网络约车和购物当作互联网可以提供的生活便利，有的人则会将此理解为需要规避的风险行为。换言之，我们固然要对社会经济地位这样的客观变量进行考察，但是同时也不应该忽视主观认知的在场和能动作用。

从本体论上，我们认为互联网已经成为我们日常生活的一种构成要素。网络世界与生活世界的相互交织，营造了当前的一种"真实"生活。当然，这是一种社会性的真实，并不是指向一个纯粹客观的物质世界。在中老年人的日常生活中，他们对互联网和生活世界的理解和想象，营造了一个"真实"的社会网络与生活空间。我们看到，在欧美国家的经验中，虽然会有针对老年人的信息或者互联网融入政策，但是，这里的融入政策显然不是建立网络基础设施或者提供可以接入互联网的计算机这么简单的事情。换言之，技术和硬件并不是问题的全部。我们需要了解中老年人在网络生活中的行动愿景，如何对真实生活进行理解和想象，并赋予自己的行动以意义和价值。

事实上，对普通人而言，他们对互联网的理解，并不是一种纯粹的技术视角。他们不会像网络工程师一样，去关心构成互联网的各种硬件和软件的指标参数；亦不会具备一种全局视角的能力，可以熟知互联网运行的每个技术细节。他们只会基于自身的生活经验，对互联网的体验和认知，形成一种图景式的理解。在日常生活中，个体行动者在很大程度上并不知道自己移动上网设备的硬件参数，但是通过一系列简单的操作,可以实现浏览信息与网络购物等功能。对中老年人而言,他们对时新的硬件参数可能不甚了解,但是经过学习和操作演练,亦能熟练地掌握互联网的技能。在互联网世界中,他们不需要有一种全局性的认知,却可以根据自己的所学和经验,在展开行动的同时赋予它们意义。"互联网"三个字对于不熟悉它的中老年人而言,或许传达了科技化或者技术化的神秘意向,但是对于掌握了基本信息技能的人而言,那只是一个被祛除了神秘感的行动空间,能够为日常生活提供诸多便利。

为此,本研究对中老年人互联网生活的考察,同时也是在考察他们对互联网的认知、理解和态度。这种认知、理解和态度,可以理解为由社会心态中的社会认知和社会价值观综合而形成的,在研究中,我们称其为行动愿景,用看风景的隐喻来阐述中老年人在互联网世界中的行动愿景。21世纪的互联网为大家提供了一个色彩纷呈的世界。对普通人而言,他们难以看到这一世界的全景。但是,大家站在不同的位置上,可以看到不一样的风景。对中老年人而言,即便风景本身存在不同的美感,更紧要的事是打开那扇可以看到风景的窗户。

四 内容与结构

本书第一章分析了研究中老年信息化融入的意义,指出了传统社会经济地位变量解释中老年人互联网行为的局限,最后提出了行动愿景对于理解中老年人互联网生活的意义。

第二章提出了行动愿景的分析框架来解释中老年人的互联网行为。这一框架的核心变量包括在社会心态基础之上提出来的行动愿景、社会心态结构中的社会需要和信息能力。这三个变量在信息化的社会环境中相互作用，共同影响中老年的互联网行为。其中，社会需要是中老年互联网行为的驱动力。互联网生活的行动愿景可用来理解中老年人存在复杂化和差异化的网络行为。中老年人对互联网的使用，各种行动和选择背后，所蕴含的是一个生活与互联网交织在一起的意义世界。此外，从网络素养出发，提出以结合了技术与生活两个维度的信息能力为标准，对中老年人的数字技能进行客观的判断和评价。在信息能力的基础上，通过网络生活的行动愿景来阐释和理解老年人对于使用互联网这一行为所赋予的意义，并对中老年人互联网使用的类型学特点进行了区分。

第三章论述了研究的方法论和研究方法，介绍了本书分析中所用的定性数据、定量数据和大数据的来源。作为一项经验研究，本书采用了量化研究和质性研究、线上研究和线下研究相结合的方法，透过焦点组和问卷调查，力图对我们国家中老年人的网络生活进行详尽的考察与分析。同时，在具体的研究过程中，我们也根据现场的状况和反馈，不断反思和改进自己的研究方法，力图呈现中老年人在生活与互联网交织的真实世界中的行动愿景。

第四章较为全面地勾勒出了中老年人互联网生活的现状。通过对两次问卷调查和大数据的分析，分析了中老年人使用互联网的趋势变化、互联网使用的一些基本情况，如互联网接入的硬件体验、互联网融入体验、互联网购物、互联网支付、互联网与中老年人的社会参与以及网络文章阅读偏好等，从中看出信息化社会中，中老年人互联网使用的一些特点。

第五章到第七章，分别围绕社会需要、信息能力和行动愿景三个行动愿景分析框架中的主要构成要素展开讨论，探究三者与中老年人互联网行为之间的关系。第五章结合定性数据和定量数据，分析了中老年人在信息化时代的美好生活需要，这种美好生活需要的产生与互联网发展之间的关联，并提出满足中老年人美好生活需要的一个重要途径是促进中老年人的互联网融入。

第六章以定量分析为主，考察了中老年人的网络素养特点。将网络素养分成信息能力和网络安全素养两个部分，编制测量工具并分析中老年人的网络素养现状。

第七章采用定量数据分析了中老年人关于互联网世界和生活世界的行动愿景。从互联网安全、互联网便利、互联网心态益处、互联网学习需要、互联网限制和科技恐惧六个维度去构建互联网世界愿景；从个体、家庭和社会三个维度对生活世界愿景进行了分析。最后还分析了互联网世界愿景和生活世界愿景的交织，互联网愿景和网络素养的交互作用。

第八章透过行动愿景框架的视角，分析了中老年人互联网生活中一些引人关注的行为，包括互联网受骗和中老年表情包使用的社会心理内涵。构建了中老年人互联网受骗预测模型，提出如何减小中老年人在互联网上被骗的概率。针对中老年表情包使用现象，本书从社会学和心理学角度分析了中老年表情包使用的迷思。

第九章和第十章均采用定性分析方法，第九章主要使用焦点组访谈数据，首先，对中老年人互联网生活进行总体画像，强调行动愿景的显著性。其次，从互联网世界和生活世界，论述中老年人行动愿景的不同类型，既有开放和保守的不同维度，也有个体、家庭和社会的不同层次。再次，根据信息能力的不同程度，对中老年人进行类型划分，并在行动愿景和信息能力的基础上，将中老年人划分为完全自主的个体和不完全自主的个体。最后，从外部环境因素、社会经济地位和心理机制的角度，讨论这些因素如何影响中老年人的互联网行动愿景。

第十章关注中老年互联网行动愿景和行为之间的关系和作用机制，分析了中老年互联网行动愿景下的心理机制、文化机制、社会机制、畏惧机制和家庭机制五个方面的内容。在现实生活中能够看到中老年人行为和变化的机制是复杂的和多元的，甚至无法用任何一个固化的解释框架来理解和解读中老年人所有的行为和变化，或许只有在某个具体的个案中研究者才有可能区分出究竟是何种机制在发挥作用。本章总结了中老年人为了适应和融入互联网社会所采取行为的规律性和机制性的内容。

第十一章对研究发现做了总结，并提出了促进中老年互联网融入的建议，包括政府、家庭和互联网企业从政策、家庭支持、改变中老年愿景、提升产品的中老年友好性等方面积极联动。

第二章　中老年社会心态与互联网生活分析框架

本章对中老年人的互联网生活理解和考察提出了一个建设性的分析框架，即以网络生活的行动愿景来理解老年人存在复杂化和差异化的网络行为。对行为和行动的分析是社会学的经典命题。实证主义取向的研究会将注意力放在可以观测的行为上，而阐释学传统的方法则侧重解读行为背后及由此衍生的意义。事实上，在许多关于老年人网络生活的调查报告中，社会经济地位和受教育程度是影响老年人上网的两个基本变量。它们的重要性自然不言而喻，但是我们也质疑对"上网"的测量，虽然可以解释许多宏观现象，但是是否也存在过于简单化的理解。一个明显的例子是，"上网"虽然是一个简单的词语，可它并不是一个简单的开关和闭合的过程，背后指涉了丰富的行为和后果。这种复杂化的行为，可能会对前述的两个基本变量提出疑问。

以网络生活的行动愿景为核心，构建分析框架，尝试克服前者遇到的解释困境。本章分为两部分。第一部分梳理了考察老年人互联网生活的理论基础。经典的理性选择理论虽然具有较强的解释力，但它需要面对感性因素的挑战。作为补充性理论，有限理性理论虽然可以概括老年人网络行为差异化的特征，但是这种经济学理论对社会生活研究的适用性依然存在疑问。为此我们提出了行动愿景的概念，认为老年人对互联网的使用，各种行动和选择背后，所蕴含的是一个生活与互联网交织在一起的意义世界。

第二部分从网络素养出发，提出以结合了技术与生活两个维度的信息能力，对中老年人的数字技能进行客观的判断和评价。在信息能力的基础上，通过网络生活的行动愿景来阐释和理解中老年人对于使用互联网这一行为所赋予的意义和社会心态特点，并对中老年人网络使用的类型学特点进行了区分，最终提出本研究的整体分析框架。

一 从理性选择、有限理性到行动愿景

社会学对行动的理解，存在理性与感性的二元论架构。理性行为一般指可预测、深思熟虑、头脑清楚的行为。理性选择理论则认为理性行为是目标导向、反思性和一致性的行为。它将社会行动解释为行动者根据自己的理性思维，进行计算选择而实现的后果，并不是随意和冲动的。早期社会学对理性主义的强调，会将感性因素排除在自己的分析视野之外。虽然具有很强的解释力，并一度占据了主导地位，但是这种理论也易于受到外界的挑战。尤其是在日常生活中，感性因素总是一种不可避免的在场，有时候甚至比理性选择发挥更大的作用。

更大的问题还在于，虽然理性选择中个人将利益最大化当作目标，但是在生活世界中，个体要面对复杂的局面，并且存在认知和能力上的差异，即便在目的相同的情况下，也存在选择和结果多样化的特征。尤其是对行动者经济人的理性假设来说，它需要面临挑战，并且，在日常生活中，理性显然不是一个中性的词语。在不同的代际或者社会群体中，他们都会根据自己对社会的认知形成自己的"理性"，

并由此作为自己的行动依据。因而，很多时候会存在不同理性之间的矛盾和冲突。例如，以年轻人的标准来看，很多中老年人的网络行为实际上毫无理性可言。在这种情况下，则需要社会科学的研究对中老年人的互联网行为进行解析。

为了修正这种单一的理性选择理论，经济学家以"有限理性"来取代过去的"全局理性"一说。前者认为人们的理性选择，实际上受到信息和计算能力的限制，甚至与环境存在密切关联。因而这种有条件和有限制的理性，替代了过去那种全局性的无限制的单一理性理解方式。在这个过程中，理性选择的"经济人"被"社会人"取代了。此外，与有限理性相关的解释，会强调对选择的过程性。任何选择的做出，都会经历一个思考和产生的过程。在这里，思维活动和心理过程成为研究者需要关注的对象。

经济学的理论虽然会为我们的研究提供参照，但是最大的问题还在于，这种对选择或者经济行为的研究，应用到中老年人的互联网研究中，其适用性或者契合程度可能会存在问题。例如，日常生活中的互联网使用，可能并不是指单一的选择或者单一事件的展开，它弥散在了日常生活中，这增加了分析的难度。对中老年人而言，互联网并不是一个他们工作中需要用到的工具或者场所。它可能是闲暇的场所或者与子女沟通的工具，纯粹以工具理性进行判断，这本身便是以一种理性主义的视角来审视和度量中老年人的互联网生活。换言之，我们也难以使用一个统一的理性人假设来分析和解读中老年人的互联网行为。在这里，我们不仅要克服中老年人使用互联网刻板印象所带来的认知偏差，易于先入为主地将他们想象为互联网时代的弱者，我们同时面对的是一个存在极大差异化的群体。

另外，在社会学传统的经验研究中，定量研究会选择对中老年人的互联网行为进行测量。它们大多是一些可观测和可测量行为，如上网时间和网页浏览内容。质性研究会采取访谈的方法，考察中老年人为何在线，以及互联网在他们日常生活中赋予的意义。在定量研究中，对行为或者行动的解释，实际上暗含了社会学理论中的结构主义立场。在行动与社会结构的理论命题中，涂尔干式的"社会事实"影响和限制了人们的行动。在这种取向的研究中，认为中老年人的互联网行为，亦受到一些结构性因素，如经济收入和受教育程度的影响。当然，这种结构主义立场的研究会因为忽视行动者的能动性而受到批评。事实上，我们也很难仅仅根据几个简单的变量，便对中老年人的网络行为进行归因。不仅因为行为本身的多样性和复杂性，原因本身的稳定性和持续性也是需要检验的问题。尤其是当我们考察日常生活中，理性选择之外的感情因素的时候。

随着互联网在生活世界中的应用和兴起，我们也质疑个体对互联网的理解和使用，能否简单地使用"社会经济地位"（SES）来进行归因。尤其是针对中老年人而言，使用互联网或者智能手机设备并不是简单的开机和关机，即便是相同的一个操作和行为，背后也蕴含了对互联网和生活世界的不同理解。换言之，"使用互联网"这一看似一致的行为背后，实际上个体对这一行动赋予了不同的意义和理解。这是为什么有的中老年人虽然熟练使用智能手机，但是会对网络银行采取消极防御的态度，而有的中老年人积极拥抱网络消费，享受共享经济带来的诸种便捷。

为此，我们以行动愿景作为分析框架，目的是避免经验分析单纯对行为进行描述的局限。在社会科学中，以SES为变量的研究大行其道，具有较强的解释力，甚至成为标准化的量化研究。在认识论上，它认为个体的受教育程度和经济收入状况，不仅决定了个体在社会中所处的位置，而且作为一种结构性要素，同时影响了个体的社会行为。在复杂性理论的研究者看来，这种认识论存在还原论的风险。它将复杂的社会现象，机械地还原为一种或几种因素共同作用所带来的后果。

因而，我们认为中老年人对互联网的使用，各种行动和选择背后，所蕴含的是一个生活与互联网交织在一起的意义世界。互联网作为一个"在那里"的世界，在连接及连接之后，中老年人的行动愿景（vision），即对意义世界的想象和理解，影响了他们的行为和选择。

一方面，我们并不彻底摒弃 SES 的影响，事实上它依然会发挥相当大的作用。但是，在一些可能是常识性的理解之外，例如，受教育程度高的中老年人使用互联网的比例更大，我们尝试对中老年人的互联网行为进行更进一步和深层次的理解。另一方面，如同有限理性理论对经济人假设的超越，我们质疑这种全局理性的预设前提。事实上，中老年人，甚至包括我们，对互联网世界的理解，不仅存在不同程度的差异，更难言可以通盘地把握。我们或许可以熟练地操作某些应用，解决硬件使用中碰到的小问题，并且，很多时候这些操作便足以应付生活和工作的需要。因而，我们对互联网的信息技术和应用并不是一种全局性的认知。在这种情况下，对生活和互联网世界的理解和想象，其作用和意义被凸显——虽然互联网世界的运转和维持，本身像一个精密的技术和社会系统。不可否认的是，我们的互联网生活，并不要求我们熟知它的全部过程。在本身便难以理解的底层技术知识之外，行动愿景会对中老年人的互联网行为和生活产生重要的影响。

需要指出的是，对行动愿景的强调，并不是将它当作一种外在的社会结构式的限定性因素，与互联网行为呈现简单的线性对应关系。与之相反，我们强调它与中老年人的互联网行为存在互构的关系。对生活世界和互联网的认知和体验，会影响中老年人的互联网行为。反过来，中老年人在互联网上的阅读、探索和创造，甚至包括主观性或者感性的希望与失望，亦会对行动愿景进行调适和修正。在这一过程中，行为本身亦被赋予了意义，并且，这种意义并不是以理性或者非理性为标准进行简单的判断。我们要考察的是在中老年人的互联网世界中，行为是如何被赋予意义的。换言之，行动愿景虽然包括过去的知识和经验，但它并不是固定不变的知识储备库，而是一个与行为相关的动态的互构过程。

二 社会心态与行动愿景

本书所提出的行动愿景，是建立在社会心态的框架基础之上的。王俊秀（2014a）指出社会心态是"一定时期的社会环境和文化（包括亚文化）影响下形成并不断发生着变化的。社会中多数成员或占一定比例成员表现出的普遍的、一致的心理特点和行为模式，并构成一种氛围，成为影响每个个体成员行为的模板"。社会心态的构成包括社会需要、社会认知、社会情绪、社会价值观和社会行为倾向（见图2-1）。社会心态是以社会需要为动力基础，由社会认知、社会情绪和社会行为倾向构成，其中，社会认知受社会需要的影响，而社会认知的思维和判断活动又会影响需要评估、情绪体验和行为倾向；社会情绪与需要满足状况直接相关，是社会动力特征的延续，从一种内在驱动表现为情绪能量，会影响和调节社会认知和社会行为倾向；社会行为倾向的动机要素是社会需要，同时，社会行为倾向可能朝向需要的满足，亦可能抑制需要的满足。上述要素之间的关系协同发生，都受到一定社会价值观的影响和支配，社会价值观是在长期社会文化因素影响下形成的（王俊秀，2014b；高文珺，2016）。

我们认为，对中老年互联网心理与行为的理解，不能脱离对社会

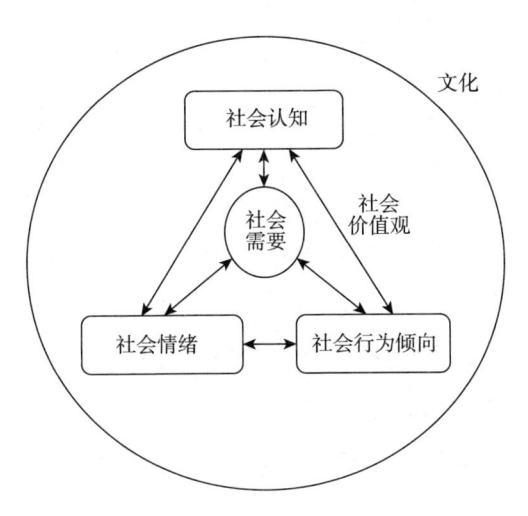

图 2-1　社会心态核心要素

资料来源：王俊秀，2014b：34。

环境和社会心理氛围的理解，社会心态正是一个连接宏观社会和微观心理世界的切入点。在信息化时代中，中老年人的美好生活需要具有时代特点，这些特点可能影响着他们对于互联网世界和生活世界的认知，这种认知又会影响其相关的互联网行为。而无论是社会需要、社会认知还是社会行为倾向，又都受到中老年人社会价值观的影响。本研究的观点是，在这些要素的相互影响过程中，社会认知和社会价值观的互动在行为产生上具有较为直接的影响。我们又进一步将中老年人在社会价值观、社会文化环境等因素影响下所形成的社会认知，提炼为行动愿景的概念。这一概念具体指中老年人对于互联网世界和生活世界的理解和想象，而这概念背后，实际包含着社会认知、社会价值观和社会环境因素之间的相互作用。至此，本研究对中老年互联网行为及其影响的分析，将以社会心态为切入点，以行动愿景为分析框架，围绕社会需要、行动愿景和社会行为这些要素及彼此之间的关系，描绘中老年互联网生活图景。

三 信息能力和网络生活的行动愿景

对个体行动者而言，行动愿景看上去是一个充满主观想象与价值的领域。需要指出的是，它并不是我们分析老年人网络生活的全部。事实上，在所有的行为或者行动被赋予意义和价值的过程中，在技术环节上它需要在物理的客观世界中完成点击或者操作，实现信息的发送或者接收，我们以信息能力来概括老年人的这些行为。作为基本的操作能力，不同的老年人可能会在程度上有所区别。即便对同一名老年人而言，也会在各项能力上存在差异。

在行动愿景的分析框架中，首先以信息能力对老年人的数字技能或者信息素养进行客观的判断和评价。以此为基础，进一步对上网行为（聊天、游戏、网络消费等）进行分析，进而以行动愿景阐释老年人对使用互联网这一行为所赋予的意义。这一意义产生的过程，并不是以研究者的理性世界或者"上帝视角"来审视和评判老年人的上网行为，而是考察老年人的各种行为背后是如何被赋予意义的（这必然涉及不同群体之间的价值差异甚至冲突，比如表情包之战）。如开篇对理性选择理论的讨论所言，不同的群体会在实践中产生属于自己的"理性"。更进一步，这实际上也涉及老年人在互联网世界中的在场、与其他代际群体的共存以及可能会存在的张力——老年人如何表达他们的价值和立场。

另外，信息能力与行动愿景之间处于一种张力状态之中。对网络世界的开放认知会鼓励行动者对自身信息能力的认识和提升，反之则会对行动者有所限制，并且这种限制会进一步对个体的认知和想象进行强化与巩固。当然，也存在具有较高的信息能力，却因为对互联网世界的封闭认知而约制自身网络行为的可能。这就是为什么我们提出对老年人互联网生活的提升，需要激活他们的行动愿景，让更多的老年人可以积极主动地参与到互联网世界中来。

（一）信息能力

网络素养是近年媒体和学界比较热门的概念，但是究竟何谓网络素养，对这种素养的判断又该如何测量呢？2017年千龙网发布的《北京地区网民网络素养调查报告》将网络素养的组成部分分为四类：网络认知、网络信息的收集与处理、网络及网络信息的使用、网络参与。调查认为网民的网络素养是网络社会的最基本元素，它要求人们在现代化的传播媒体面前充分发挥主动性，娴熟地运用现代化媒体，协调人与人、人与社会的关系，适应现代化的发展。在这种理解中，网络素养成为现代人需要具备的基本技能之一，且为提升网络空间治理工作的重要一环。

此外，在更具体的人群分类中，青少年的网络素养也成为各界关注的主题。北京师范大学与光明日报智库研究（2017）发布了《青少年网络素养调查报告》，其中将青少年的网络素养分为五个维度：上网注意力管理、网络信息搜索与利用、网络信息分析与评价、网络印象管理、自我信息控制。以全国性的调查为基础，报告指出了青少年网络素养总体不高，受到个人、家庭和学校的影响。在此之前，凯迪数据研究中心（2015）也发布过《中国网民网络媒介素养调查报告》。报告将网络媒介素养分为批判性理解、新媒体使用和新媒体沟通三个维度，报告指出网民的网络媒介素养处于中等水平，并且，二、三线城市的网民网络媒介素养最高，甚至高于一线城市的网民。

事实上，在诸多的网络素养调查报告中，可以看到不同的机构和研究者对于网络素养或者网络媒介素养的不同定义，以及在具体的测量中，对这一概念在经验维度的操作化，存在相当大程度的差异。同时，调查结果亦显示了网络素养在地域和代际群体之间的差异化特征。

另一个与网络素养相关的概念是"比特素养"（bit literacy）。何马克（Mark Hurst）提出了在信息过载的时代，比特素养的重要性在于，它本身成为一种积极的生产力（何马克，2013）。在何马克这里，比特素养指在数字时代可以高效轻松工作的能力与技巧。个体在信息洪流过载的时代，可以减小自己的压力，克服过载带来的困难，提升自己的生活和工作品质。在这里，比特素养表现为个体管理、选择、创建和过滤信息的技巧与能力。在具体的分类中，可以分为管理电子邮件、管理代办事项、照片管理、文件存储、文件命名和媒体食谱等内容。可以看到，何马克描述的比特素养实际上描述了日常工作和生活中，个体被信息所淹没的一种存在方式。一方面，比特作为信息的基本单位，素养的实质便在于信息的处理能力；另一方面，个体虽然为信息所"淹没"，但它实际上也揭示了生活本身信息化的一个特征。

不管是网络素养还是比特素养，我们可以从中发现信息是其核心组成部分。而素养对应的则是对信息的处理、判断和分析能力。在复杂的网络环境中，为了应对社会治理的需要，提升不同群体的网络素养，尤其是青少年这一网络活跃主体的网络素养，成为行政治理部门努力的目标之一。例如，今天我们提出的未成年人的网络保护问题，提升未成年人和监护人的网络素养、加强他们的能力建设可能是需要努力的方向。但是，比特素养侧重在工作中对信息进行分类和处理，这可能更多地适用于尚在职场上奋斗的群体，对老年群体而言，这种测量方法的适用性存在问题。

我们研究报告所针对的老年人，他们大多已经退出工作，正在经历自己的退休生活。网络、比特素养或者工作对他们而言并不是一个主要维度，日常生活的重要性由此凸显。在互联网时代，老年人的互联网技能或者信息技术能力，一般认为对他们的信息融入形成了制约。这种技术与生活维度的结合，我们更倾向于使用相对中性的"信息能力"，来理解老年人的互联网行为。

这里的信息能力既包括了基本的信息技能，又强调它们的日常生活属性，可以简单地概括为六种能力：①信息管理能力，包括寻找、管理和保存信息内容；②问题解决能力，使用数字或者信息工具增强自己解决问题的信心，以及提高独立解决问题的能力（涉及信息搜索和处理）；③通信能力，与他人交流、互动、合作、共享和联结的能力；④交易能力，购买和出售商品与服务、金融管理、注册和使用数字化的政府服务；⑤安全能力，对网络信息的安全性进行判断和处理；⑥创造能力，包括社区参与和数字内容的创造（见图2-2）。

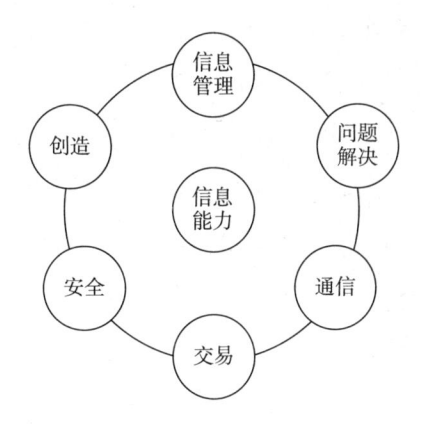

图 2-2　信息能力示意

（二）网络生活的行动愿景

以信息能力为基础，我们认为老年人对互联网的使用，各种行动和选择背后，所蕴含的是一个生活与互联网交织在一起的意义世界。行动愿景包括两个方面的内容：一方面，它包括了老年人互联网和生活世界的认知和想象；另一方面，我们认为这二者之间并不是异质性的真实与虚拟之间的关系。在互联网已经日益变成物联网的当代，真实与虚拟之间的界限正变得越来越模糊，网络已经覆盖了我们的日常生活。

首先，在老年人对互联网的理解和想象中，可以分为开放认知和封闭认知两种理想类型。作为概念分析工具，理想类型来源于经验事实却又与前者保持一定的距离。我们尝试通过这样的分类典型，去挖掘和概括经验现象背后有共性和规律性的东西。

开放型的想象对日常生活中的科技和新事物保持积极和开放的态度，有意识地去学习和掌握互联网技能，认可互联网给日常生活带来的积极影响，以及它在老年生活中可能扮演的赋能者角色。封闭型的想象对日常生活中的科技和新事物持谨慎和怀疑的态度，认为互联网是一个充满风险和不确定的世界，对掌握基本的互联网技能缺少信心，为了规避风险而采取保守性的姿态。

需要指出的是，开放和封闭这两种一般化类型作为分析工具，有助于我们对老年人互联网想象的理解。一方面，它们在一定程度上影响了老年人的互联网行为和选择；另一方面，个体行动者对互联网的想象并不是固定不变的。它会随着行动者的体验和认知的积累而发生变化，受到一些突发事件或者社会热点问题的影响，甚至存在极大的偶然性。因而，这里的开放和封闭既存在程度上的差异，也存在相互转换的可能。

其次，在老年人对生活世界的理解和想象中，虽然存在积极和消极两种状态，以及在程度上的差异。但是我们的理解和阐释会从个体、家庭和社会三个维度展开。这三个维度涉及了作为行动者的普通人在生活世界中的根本性在场。

个体维度包括了行动者对自己身体、精神、经济社会状况、老年生活等方面的理解和想象。针对不同的方面，可能存在相应的认知和理解。家庭维度是展开社会生活的主要场所，涉及个体和子孙、配偶的社会关系，以及对家庭生活状况的认知和理解；社会维度是个体对自己所在社会的一般化理解和想象，如对社会信任和社会风险的感知及判断。

当代社会理论对普通民众的"社会想象"（social imaginaries）感兴趣，认为它区别于理论家那种少数人的知识计划。在查尔斯·泰勒这里，复数形式的社会想象包括了人们如何想象社会存在，如何适应他人，以及围绕着他们的事物如何发展。他特别强调这是普通人的想象——针对他们的社会环境而言，这在理论上可能较少被描述，但是会以图像、故事和传说的形式承载。简而言之，社会想象是共同实践和合法性的共识得以可能的共同理解（common understanding）（Taylor，2004）。可以看到，普通民众之于现代社会的想象提供了存在感与意义感。在网络生活中，这种存在感和意义感可能同样来自想象——互联网与生活世界相互交织。但是，泰勒所言的想象并非一组理念而已，在现代性的理解中用"理念"来对抗"制度"，恰恰是来自社会实践所开启的具有意义感的可能。

为此，网络生活的行动愿景是一个存在主观想象与价值的领域，并且这里的想象和价值与个体的生活经验乃至生命体验存在密切的关联。如前所述，对于老年人的网络生活，我们无法简单地使用技术理性来分析，对他们进行正确与错误的判别。这种简单的处理尽管在技术上可行，但是会忽视老年人网络行为背后丰富的社会意涵。事实上，不管是简单的操作还是复杂的行为，它们都蕴含了老年人自己的理解。它甚至会和其他群体的理解方式存在差异，乃至相互冲突。对这种差异的呈现和理解，是本研究的基本目标之一。

此外，对互联网和生活世界的划分看起来是截然不同的两个领域。需要特别指出的是，在本书的分析中，它们之间并不是异质性的真实和虚拟的相对关系。这也是本书的认识论基础。我们认为个体行动者在生活世界中的意义和需求，会投射到对互联网的认知和想象中去。反之，对互联网的认知和想象，亦会影响生活世界中互联网的使用行为及程度。显然，在生活世界和互联网交织在一起的"真实"世界中，老年人看到了不一样的风景（landscapes），这种不一致的风景反映在了老年人的互联网生活中（见图2-3）。这里存在一种图景式的理解——他们都相信那是真实的。

图2-3 互联网世界与生活世界的交织

四 中老年人互联网使用的类型学划分

在信息能力和行动愿景之外，中老年人作为网络生活中的行动主体，我们可以根据行动的自主程度将中老年人分为两类：完全自主的个体、不完全自主的个体。对自主程度的划分，是因为考虑到中国情境下中老年人使用网络的一些实际情况。对于互联网这样较新的事物，他们的行为很大程度上受到了家庭中子女或者其他外界因素的影响。子女会命令式地告诉他们哪些操作可以进行、哪些功能可能会使用。他们固然会为中老年人的上网行为进行指导，但是同时亦会带来消极的后果，会以屏蔽互联网的开放性和可能性为代价。

（1）完全自主的个体，中老年人能够掌控自己的互联网行为，可以根据自己的行动愿景采取相应的行动。在有代表性的网络购物中，中老年人有自己的网银或者支付宝账户，可以通过网络来实现自己的需求。反之，还存在另一种情况，即自主选择不注册使用网银和支付宝账号。

对于这种完全自主的个体，互联网行为本身便是行动愿景的一个表现。开放或者封闭的特征，均能从他们的互联网行为那里得到体现。当然，这种自主性也可能使中老年人暴露在互联网的风险之下。那些社会经济地位较高、具有完全自主能力的中老年人，在具备较强行动能力的同时，可能也需要承受相应的网络风险。这里也引出了个体和网络环境之间存在一股张力的问题。事实上，这并不是一个个体性的问题，我们无法单一地完全将问题归因于中老年人本身，更不应该由此而形成一种刻板印象。从技术治理角度来看，网络环境中的风险是各方力量需要应对的问题，并且风险本身并不是一种静态的现象，它在网络环境中的复杂性和不确定性对技术治理是一个非常大的挑战。另外，我们也能看到互联网产品在设计和发展中，越来越有针对性地在技术层面对风险问题进行管控。例如，辟谣平台和辟谣应用功能的出现，不仅使中老年人，亦使年轻人降低了网络使用的风险。只不过，新的问题在于，这些具有完全自主能力的中老年人，需要学习跟进这些网络安全的应用和服务，在信息能力上做到与时俱进和补强。

（2）不完全自主的个体，中老年人不能够完全按照自己的行动愿景采取行动，互联网行为受到外界，如子女或者配偶的限制。来自外界的力量限定了自己的互联网使用范围和程度，类似于一个"画网为牢"的过程。一个明显的例子是，中老年人不能掌控微信网银或者支付宝账户，网络需求及消费通过被代理的形式来实现。当然，这里也提出了经济自主权与决策自主权之间是否一致的问题。

在中国，不完全自主的个体可能会是一个较为普遍的现象，在日常生活中，中老年人通常被视为需要重点关注和照顾的对象，同时也被假定为互联网技能的弱者。中老年人的互联网行为，有来自子女的压力，也受社会和互联网整体观感的影响，网络生活的行动愿景被极大地限缩。为了避免风险，而选择与互联网保持一定的距离。这么做固然可以使中老年人处在安全保护的屏障之下，但是同时也限制了他们对互联网世界的进一步开发和想象。尤其是互联网技术在日常生活中广泛渗透，从出行到医疗都在移动端推出了服务和应用。因而，对中老年人使用互联网进行限制，存在矫枉过正的可能。过度的保护，在屏蔽风险的同时，亦使其放弃了对互联网的积极尝试。各种各样来自外界的限制也意味着，中老年人的互联网行为实际更像一种集体参与。在这一过程中，中老年人虽然会有具体的应用操作，但他更像一个指令执行者和被代理者，由他人指引和决策，而不是自我需求的表达者。

这种类型的中老年人是需要打开网络生活行动愿景的对象，而不应停留在网络世界的入口处徘徊和止步不前。更重要的地方还在于，在表达和满足自身需求的时候，互联网应该成为中老年人可以借助和满足需求的对象。为此，在网络世界中，行动虽然存在风险，家庭、社会、互联网企业和政府，各方力量需要努力营造一个对"中老年人友好的互联网环境"（elderly friendly internet environment），让中老年人在一定的容错机制下学习和进步，将是他们开启丰富互联网生活的关键。

另外，信息是互联网重要的组成部分，乃至互联网的发展本身也被视为一种通信技术的发展。对中老年人而言，网络生活的行动愿景与中老年人的信息角色和行为存在密切的关联。我们也可以根据他们的信息能力和信息来源，将中老年人分为信息的创造者和接收者两类。

（1）信息创造者，表现出较强的主动性，在互联网上创造内容：写博客、剧本，制作图片相册、表情包，甚至提供服务；互联网上一种独特的存在，并且这些内容会表达这一代际群体自身的意识形态与美学偏好。值得注意的是，对中老年人而言，信息创造并不是出于职业或者工作的需要，作为信息或者内容的创造者，一方面它固然体现了自我表达的特征，另一方面它也总是对应了各自的接受者和阅读者，乃至它需要基于一定的关系网络才具有意义。因而，信息创造在这里表现出极大的社交性特征。

严格意义上说，所有的手机接入互联网或者操作都会衍生相应的数据，在服务器中留下使用的痕迹。为此，所有的使用者都可以称为信息创造者。但是，这种数据或者信息并不属于行动者的主动创造，它只在后台产生和通信，个体也没有赋予其特殊的社会意义。换言之，中老年人作为信息创造者，其重要性并不在于数据形式的信息本身，而在于创造过程和之后所衍生的意义。前者对应的是中老年人个体的自我，后者对应的是中老年人的同伴或者他人。它既是一种个体化的自我行为，又是一种社会化的互动行为。

信息对应的并不是简单的文本，它具有多媒体的形式。文字和图片之外，还有声音和视频，后者可能是中老年人更喜闻乐见的形式，在听觉和视觉上，更符合中老年人的生活和审美需求，以及社交的特征。通过制作相册图片和表情包，丰富聊天互动；通过录制歌曲和舞蹈视频，与好友和同伴进行娱乐交流；通过录制武术套路和乐器演奏，使之成为学习和练习的样板，从而认识和结交了更多有相同兴趣爱好的朋友。可以看到，信息创造者在互联网中不仅提供了各种各样的信息内容，它们也代表了中老年人在互联网世界中发出的属于自己的声音。

作为信息创造者的中老年人，他们的网络生活行动愿景具有开放性的特征。大多选择积极参与互联网的新生活、体验互联网的新事物，将它们应用到日常生活中。生活与互联网交织在一起的真实世界，构成了他们日常生活的实践场域，并在这一过程中赋予其行为以意义感。

（2）信息接收者，中老年人不会或者并不主动在互联网上创造内容。对于互联网的信息，以选择服务、阅读和转发为主，是一种单纯的受众和阅读者。同时，接收者角色又可以根据各自的信息能力进一步划分为：主动接收者和被动接收者。

①主动接收者，中老年人会根据自己的需要利用软件和网站寻找信息、商品和服务。这种类型的中老年人熟悉手机和电脑的输入法，可以熟练地运用搜索引擎寻找和过滤信息内容。在具体的情境中，往往表现出工具理性的特征。例如，在出行前查询地图和路线，通过关键词寻找自己感兴趣的内容，在网络购物中搜索和比较商品。在一定程度上，互联网成为他们日常生活的赋能者。

信息创造者与信息主动接收者的区别在于，就信息传播的流向而言，前者意味着信息的节点，而后者则意味着信息的终点。创造者拓展了信息传播的纵深，是互联网内容的贡献者；主动接收者可能是这种内容的受惠者，他们在具备一定的信息能力之后，也有极大的可能向信息创造者转变。其中的关键在于，在网络生活行动愿景的激发下，更积极地参与互联网生活，最终成为互联网普惠的贡献者。其中的意义感也不只针对孤立的个体，而是更为广泛的群体。

②被动接收者，中老年人不具备自主寻找信息的能力，信息能力相对而言较弱，只能接收推送或者转发的信息。这类信息一般来自社交软件所推送的内容，中老年人在使用软件的时候衍生出阅读行为。当然，这种被动角色并不意味着中老年人完全对信息免疫。事实上，

阅读推送的新闻信息或者朋友圈转发的内容，可能会逐渐成为一种例行性的行为，乃至成为用户的操作习惯。从这个意义上来说，他们实际上也许是需要信息和需要阅读的群体。而它的局限性则在于信息来源有限，限缩了中老年人对互联网潜能的感受和体验。

就网络生活的行动愿景而言，这类中老年人的行动愿景较为封闭。一方面，对互联网采取相对保守的姿态，对其理解和想象也持疑虑的态度，并没有将它视为一种具有改变潜能的积极力量；另一方面，信息能力束缚了他们在网络世界中的行动，使他们处于一种静待无为的状态。这种主观上的保守心态和客观上信息能力较弱结合在一起，显然构成了中老年人参与互联网、享受互联网便利的不利因素，乃至看上去就像一条消极的因果链条。作为相对静默的群体，需要激活被动接收者的信息能力，使他们体验和感受到互联网世界的积极潜能，从而形成一种良性机制，进一步开启他们在网络生活中的行动愿景，促成积极和良性的循环。

需要指出的是，这种类型学划分，并不是为了将中老年人的网络特征进行一种绝对的分类。就自主程度而言，在不同的情境中，针对不同的行动，行动的自主性也可能存在差异和转化的可能。我们在访谈中亦发现有中老年人向子女隐瞒自己被骗经历的情况。他们通过沉默的方式来化解来自子女的压力。另外，一些偶发性的事件，也会对中老年人的行动自主性产生影响。例如，有过受骗经历的中老年人，可能会得到更多来自子女的叮嘱，从而限缩自己的网络活动。中老年人的信息创造和接收也是如此。事实上，中老年人的网络生活，并不是始终以一个固定的形象和角色现身。这里既有角色矛盾和冲突，又存在差异和转化。亦如对生活世界与互联网交织在一起的"真实"的风景，对其理解和想象也是一个动态的过程。

五 行动愿景分析框架

基于上述分析,本书对于中老年人互联网生活的分析,将采用如图2-4所示的行动愿景分析框架。这一框架的核心变量是在社会心态基础之上提出的行动愿景,意指中老年人对生活世界和互联网世界的理解和想象。在互联网行为被赋予意义和价值的过程中,信息能力在技术上完成了价值赋予的过程。信息能力体现了中老年人在信息化时代所具有的素养和能力,它与行动愿景可能相辅相成,互相影响,同时也可能存在矛盾,如因愿景封闭而导致信息能力无法充分发挥作用。在这一框架中,另一个重要因素是社会需要,根据社会心态理论,一方面,社会需要是社会行为倾向的动力基础,提示我们对中老年互联网行为的理解不能忽视需要层面的分析;另一方面,社会需要影响社会认知,也与社会价值观形成有关,同时又和社会认知、社会价值观存在交互作用,由此可以认为,社会需要与本研究所提出的行动愿景将形成一种互动关系。社会需要决定了行动愿景的底色,行动

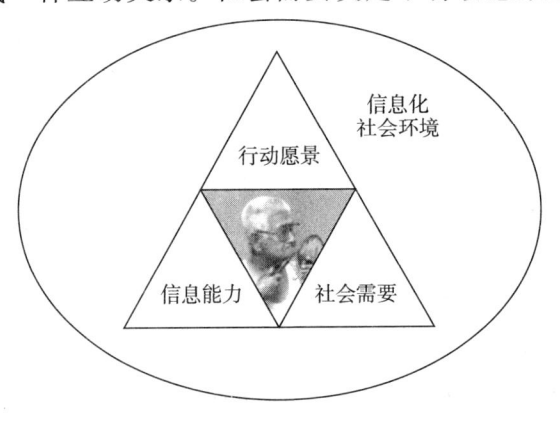

图2-4 中老年互联网生活的行动愿景分析框架

愿景也影响着人们对于行动愿景的修正和评估。而行动愿景、信息能力和社会需要对于中老年互联网行为的理解，是以信息化社会环境为背景的，在这一背景中，人们产生了相应的心理需要，形成了对世界的想象，发展形成了不同的适应环境的信息能力。本研究将在信息化时代背景下，围绕社会需要、行动愿景和信息能力三个方面来勾勒中老年人互联网生活画像，分析其互联网社会心态特点和互联网融入的影响因素。

六　小结

本章提出以互联网生活的行动愿景来分析和理解中老年人的网络行动，以弥补传统经验研究中侧重从社会经济地位基本变量来考察中老年人的不足。我们认为中老年人的互联网行为具有深度的复杂性，并不是简单地使用或者不使用可以概括，并且，在社会经济地位基本变量之外，我们侧重关注中老年人在互联网中的行动愿景，即一个日常生活与互联网交织在一起的意义世界。行为与意义互构的特征体现在，对它的理解和想象，影响了中老年人的互联网行为；反过来，中老年人的互联网行为亦对意义实现了再生产。当然，意义世界并不是一成不变的静止状态，它会在日常生活实践中得到强化或者改写，这是为什么笔者在经验研究中强调具体的情境性分析。通过事件、故事和案例，来理解和阐释中老年人的互联网生活。

事实上，中老年人对互联网的理解，并不是通过技术语言来实现，而是将它分解为具体的硬件设备、网络带宽和操作规范。按照海德格尔的说法，从宏大的本体论角度来看，技术既是通向某一目的的手段，又是一种属人的活动，乃至在本质上，它成为筑居的在世生存。普通人对互联网的理解，没有办法像网络工程师那样，通过量化和科学化的技术指标与语言来完成，而更多地体现为一种生活图景式的理解。在不同的网络生活行动愿景中，有人看到了一个互联网赋能的美丽新世界，亦有人看到一个变幻莫测、充满风险的网络空间。换言之，一个看似简单或者我们难以理解的互联网行为背后，实际上被中老年人赋予了特定的意义。行动愿景的提出实际上与社会心态分析框架相一致，是将社会心态中的社会认知和社会价值观与社会环境的相互作用考量其中。

社会理论家倾向于把技术理解为环境而不是客体，它本身也是社会文化和价值的反映。对中老年人而言，我们同样需要培育一个对"中老年人友好的互联网环境"，而不是因为潜在的风险便将他们排除在互联网世界之外。"画网为牢"并不能从根本上解决问题，过度保护实际上屏蔽了中老年人分享互联网发展的成果，这是为什么我们需要开启中老年人网络生活的行动愿景。

最后，本研究所采用的行动愿景分析框架包括行动愿景、信息能力和社会需要三个主要构成，三者相互作用，共同决定了信息化社会中，中老年人互联网生活所呈现的景象。

第三章 方法论与研究方法

一 互联网生活研究方法

对中老年人互联网生活的考察，根据研究目的和取向的不同，在方法的选择、数据的呈现和阐释上也存在差异。在前述讨论的研究机构发布的调查报告中，因为涉及对一个较大代际群体的考察，所以调查报告的内容以经验性的数据描述为主。在方法上，也采用社会科学常见的抽样调查法，以一定样本量的研究来推论总体的状况。以皮尤发布的调查报告为例，使用电话访问的方式，对一千多位成年人进行网络使用状况的调查。从网络硬件的拥有和使用情况到社交媒体的使用，这类调查在数量上为我们呈现了一个较为直观的中老年人使用互联网的状况描述。

例如，我们可以知道美国有 1/3 的成年人使用社交网络，在 65 岁以上的互联网使用者中，亦有 34% 的社交网络使用者。但是，这种概括性的描述数据可能在深度上存在一定程度的局限，研究者可能会进一步追问人口数量之外的一些内容和问题。当然，这也和研究机构的定位有关。皮尤将自己定位为"事实库"（fact tank）而不是"智库"（think tank），以提供事实的信息和调查的经验数据为目标，以此来反映普通民众互联网相关的日常生活。

事实上，电话访问的方法在欧美国家的社会调查研究中比较常见，它本身亦形成了一种较为成熟的研究机制。在方法研究的学者看来，从民意测验到不同类型的调查研究，它们已经构成了欧美社会中日常生活的一部分，乃至逐渐成为一项生活传统，民众亦知道对研究者的问题做出适当的回应。因为方法的情景性特征，电话访问法并不适用于本研究对中老年人互联网使用状况的调查。

电话访问之外，另一种有代表性的量化研究方法来自对生活质量（quality of life）的测量，它更具有学术研究的特征。在相关研究中，互联网的使用状况本身被当作了一项需要测量的指标。通过一系列变量和指标的测量，对研究对象的互联网活动和行为进行考察，进而分析它们在感情、信息和社会互动上对生活质量的影响。从较为抽象的概念到具体的经验指标，作为一种社会指标研究（social indicators research），虽然看起来是非常标准化的社会科学研究方法，但是在不同的研究中，操作和研究过程、对各项指标的设计和定义，乃至测量方法本身在具体的实践中都存在较大的差异。

从社交网络和电子邮件的使用频次，到浏览网页和播放视频的时间，相关的经验指标可以为中老年人的互联网生活提供一幅数字群像。但是，对中老年人互联网生活中行动愿景的考察，仅仅关注这些外在的可观测性行为，或许我们能获取一份详细的关于网络使用状况的报告，表面行为之外，无法在深度上揭示这些看似相同的行为背后如何被赋予意义。

此外，还有实验法的采用，通过对一定数量个案的考察，分析电脑或者互联网的使用对老年人的影响。在心理学研究中，实验法是较为常见的方法，例如，对老年人社会隔绝的研究，研究者对老年人学习使用互联网的过程进行观察分析，考察信息技术在信息获取、社会互动和参与上对老年人生活的改善。但是，在一些长达数月甚至一年的研究中，因为研究者与研究对象之间存在互动关系，这也给研究过程的可控性带来了疑问，并且，随着时间的增加，研究对象的不确定性亦随之增加。

二 本研究的研究对象和方法

需要特别强调的是，本研究对中老年人网络生活的考察，并不是对他们的网络行为进行经验描述，我们更关注中老年人的行为背后，那个日常生活与互联网交织在一起的意义世界。对中老年人网络生活行动愿景的考察，本研究采用了量化研究和质性研究、线上研究和线下研究相结合的方法，透过焦点组访谈、问卷调查和大数据分析，不仅考察中老年人基本互联网使用状况、信息能力，亦通过挖掘日常生活中的经验和故事，对我国中老年人的网络生活进行详尽的考察与分析。

在社会科学研究中，对经验事实的获取和呈现、方法的操演和实践是必不可少的环节，它具有规范性和约束性，同时亦是研究者对自己研究过程可控性的反映。但是，不管是量化研究还是质性研究，它们在收集和呈现事实上存在各自的特点和优势。另外，研究实践又是一个复杂的动态过程，乃至存在许多不确定性。在具体的研究过程中，我们也会根据现场的状况和反馈，不断追问、反思和改进自己的研究方法与调查内容，力图呈现中老年人在生活与互联网交织的真实世界中的行动愿景。

如前所述，"中老年人"作为研究对象，在本研究中指50岁及以上的成年人。之所以选择这一群体，是因为在我国网民总体的年龄结构中,这部分人所占的比例并不高,尤其是60岁以上的老年人群体,所占比例极低。但是,互联网不应该成为只属于年轻人的网络空间,中老年人亦在其中有属于自己的一方天地。另外,在信息技术高速发展,互联网日益成为生活构成要素的今天,中老年人"网络弱者"的刻板印象在一定程度上深入人心。对这一代际群体网络生活状况的考察,不仅有助于我们对实际情况的了解,亦对如何激活中老年人的网络潜能提供了现实依据。

(一)定性研究的数据来源

定性研究方面,课题组于2017年8月至10月在哈尔滨、北京、太仓、上海进行了田野调查,主要使用焦点组访谈的研究方法,一共做了17组焦点组访谈,共101人次。每组访谈5~7位使用微信的中老年人(50岁及以上的人群)。样本选择方面尽量覆盖不同类型社区、性别、年龄、职业地位和受教育程度的中老年人。比如在哈尔滨的调研中,既访谈了受教育程度较高的哈尔滨G大学的退休教授们,也访谈了几个国企工人社区,同时也包括城市居民和仍有耕地的农村村民。样本除了覆盖一线城市的市民,也访谈了一线城市中的农村社区和二、三线甚至四线城市居民。

出于对被访者个人信息保密性的考虑,本书在汇报座谈会相关资料时进行了匿名化处理,主要针对姓名和社区名字。调研社区的基本情况如表3-1所示。

表3-1 调研社区和地点的主要特征

单位:组,人

社区	主要特征	焦点组数量	人数合计
哈尔滨G大学	理工科高校	1	6

续表

社区	主要特征	焦点组数量	人数合计
哈尔滨 F 小区	老旧小区、工人社区，老年居民较多	2	12
哈尔滨 Y 小区	国企工人家属院、老旧小区	2	12
哈尔滨 P 村村委会	哈尔滨郊区，仍有耕地的农村	2	12
北京大兴区 Z 村	北京郊区，刚经历土地流转到村委会进行集体经营	2	12
太仓老年大学	设施较全，有很大的电脑室	1	5
太仓 X 社区	普通居民社区	1	6
太仓 Q 社区	拆迁安置社区、房屋设施较新，学区	1	6
太仓 Y 社区	拆迁安置社区、房屋设施较新	1	6
上海公益新天地	地点为公益产业园区，主要孵化社会组织和文创企业，受访对象为来自各行各业的中老年人	4	24
合计		17	101

（二）定量研究的数据来源

定量研究数据来源于两次调查。第一，课题组于 2016 年 11 月，在北京、上海、天津、重庆、广州、深圳、武汉、西安、哈尔滨和南京十个城市，采用分层抽样的方法，随机选取了 72 个社区，在社区中采用等距抽样的方法选择家庭，对没有老人的家庭按照随机的原则进行替换，共抽取了 3000 多户家庭的 60 岁及以上的中老年人进行调查，最终获得中老年有效样本 3427 个。同时，在这些家庭中随机选择了 50% 的家庭对其子女进行了配对样本的调查，共获得有效样本 1437 个。第二，由于在研究过程中，逐步明确了行动愿景的框架，并发现 50~59 岁年龄段的中老年人在互联网融入上与 60 岁及以上老年人面对相同问题，亦为互联网中的"少数群体"，课题组拓展了调查内容，扩大了年龄范围，于 2017 年 11 月，在北京、西安、沈阳、成都、武汉、保定、宁波和东莞八个城市中，对使用微信的中老年人

（50岁及以上的人群）进行问卷调查，共获得800个样本。两次调查样本基本情况如表3-2至表3-4所示。

表3-2 2016年十城市中老年调查人群基本人口特征（$N=3427$）

人口特征	类别	人数比例（%）
性别	男	43.8
	女	56.2
年龄	60~69岁	56.1
	70~79岁	28.6
	80岁及以上	15.2
受教育程度	未上过学（包括扫盲班）	6.1
	小学（包括私塾）	29.0
	初中	37.3
	高中/中专/职高	22.4
	大学专科	4.0
	本科及以上	1.2
婚姻状况	有配偶	74.6
	丧偶	24.2
	离婚	1.1
	从未结婚	0.1
城市	北京	15.6
	上海	15.6
	天津	12.3
	重庆	12.6
	广州	12.6
	深圳	6.2
	武汉	6.3
	西安	6.3
	哈尔滨	6.3
	南京	6.2

表 3-3 2017 年八城市中老年调查人群基本人口特征（$N=800$）

人口特征	类别	人数比例（%）
性别	男	46.8
	女	53.3
年龄	50~59 岁	56.5
	60~69 岁	33.6
	70 岁及以上	9.9
受教育程度	未上过学（包括扫盲班）	0.6
	小学（包括私塾）	12.6
	初中	38.1
	高中/中专/职高	38.9
	大学专科	6.5
	本科及以上	3.3
婚姻状况	有配偶	92.0
	丧偶	5.3
	离婚	2.5
	从未结婚	0.3
城市	北京	12.5
	沈阳	12.5
	西安	12.5
	成都	12.5
	武汉	12.5
	保定	12.5
	宁波	12.5
	东莞	12.5

表 3-4 2016 年十城市子女基本人口特征（$N=1437$）

人口特征	类别	人数比例（%）
性别	男	44.9
	女	55.1

续表

人口特征	类别	人数比例（%）
年龄	30 岁及以下	20.5
	31~40 岁	45.3
	41~50 岁	34.2
受教育程度	小学（包括私塾）	0.5
	初中	6.5
	高中/中专/职高	34.1
	大学专科	35.4
	本科	22.2
	研究生及以上	1.3
婚姻状况	有配偶	78.2
	丧偶	0.3
	离婚	2.2
	从未结婚	19.2
城市	北京	15.3
	上海	15.0
	天津	11.8
	重庆	12.7
	广州	13.2
	深圳	6.5
	武汉	6.6
	西安	5.6
	哈尔滨	6.9
	南京	6.5

定性和定量的研究主题基于中老年人互联网生活中的典型现象，主要包括互联网相关硬件与功能使用、互联网支付、互联网与老年人的社会参与、鸡汤养生文偏好以及互联网受骗，此外，互联网行动愿景以及心理机制作为重要的解释机制，也列为数据收集中的主题。

焦点组访谈和问卷设计主要涉及以下几个方面（当然由于研究方法的区别，具体问题设计有差异）：

（1）互联网和微信使用的基本问题；

（2）互联网接入和操作能力；

（3）微信与社会关系；

（4）互联网信息偏好：鸡汤与养生文；

（5）互联网上当受骗；

（6）硬件和产品设计需求；

（7）互联网支付；

（8）互联网游戏；

（9）生活满意度、养老观、孤独感、权威价值观、社会信任等心理机制；

（10）互联网行动愿景；

（11）人口特征和基础信息。

（三）大数据来源

本研究的大数据来源有两个：①TBI腾讯浏览指数，依托TBS腾讯浏览服务，接入终端为智能手机，符合年龄界定的样本量为35759363个（数据收集时间为2017年7月27日至10月27日）；②喜马拉雅FM互联网音频用户数据，由喜马拉雅研究院提供，接入终端包括智能手机、平板电脑在内的移动设备，有年龄数据且符合年龄界定的样本量为20970个（数据收集时间为2017年9月26日至10月26日）。

第四章 中老年互联网生活现状

一 中老年人互联网使用的趋势与特点

（一）中老年人使用互联网的人数呈上升态势

中国互联网络信息中心（CNNIC）每年发布的《中国互联网络发展状况统计报告》中的全国抽样数据显示，从2000年到2018年6月，中国网民中50岁以上的网民群体所占比重大体上呈增长趋势。如图4-1所示，2007年之前，网民中50岁以上网民群体所占比重徘徊在4%附近，2008年到2011年之间这一比重出现了波动性的提升，从2012年开始，50岁以上网民群体在网民中所占比例直线上升，到2018年达到了10.5%。可以看出，越来越多的中老年人融入了互联网之中，并且这一发展趋势与中国互联网的发展脉络相吻合。2008年是中国互联网发展的重要节点，其标志性事件即智能手机以及与智能手机应用有关的App商店模式进入市场，这在一定程度上标志着中国互联网进入移动互联时代。从这一年开始中老年网民数量出现了提升趋势。手机端即时通信应用，随着2011年微信的推出，用户规模持续增长，中老年人也从这一时期开始，越来越多地进入了互联网世界中。

图 4−1　全国网民中 50 岁以上网民群体所占比例的变化趋势

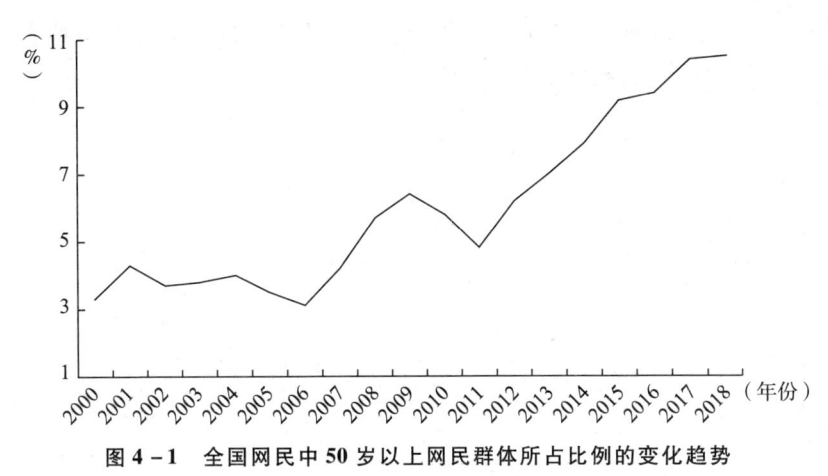

资料来源：CNNIC 每年发布的《中国互联网络发展状况统计报告》，网址：http://www.cnnic.net.cn/hlwfzyj/。

（二）中老年人使用互联网社交类应用与日俱增

CNNIC 在 2013~2016 年连续四年发布了《中国社交类应用用户行为研究报告》，报告中的社交类应用指具有社交功能的互联网应用，包括综合类社交网站（如微博、微信朋友圈、QQ 空间、人人网等）、即时通信工具（如微信、QQ 等）以及垂直类社交网站（如社区社交、婚恋社交等）。如图 4−2 所示，使用互联网社交类应用的 50 岁以上的中老年人逐年增加。根据腾讯公布的微信数据报告，2015 年，微信月活跃用户为 5.49 亿人，其中 50 岁以上的用户占 2.3%，近 1263 万人。而到了 2017 年，月活跃的 55 岁以上的用户就已达到了 5000 万人。

本研究的问卷调查结果，与上述数据的趋势相一致。2016 年的调查结果显示，接触网络的老年人中，从 1990 年到 2009 年，只有累计 13.7% 的老年人接触社交网络，从 2010 年开始到 2016 年，累计 86.3% 的老年人开始使用社交网络（见图 4−3）。2017 年进一步调查显示

(见图4-4),从2014年开始,使用微信这种即时通信工具的中老年人数量开始增多,而在此之前,只有13.7%的中老年人使用微信。

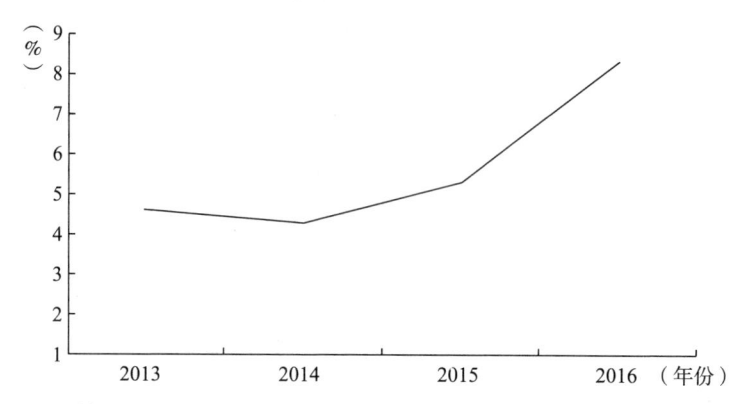

图4-2 抽样调查中50岁以上网民群体在使用社交类应用人群中所占百分比

资料来源:CNNIC每年发布的《中国社交类应用用户行为研究报告》,网址:http://www.cnnic.net.cn/hlwfzyj/。

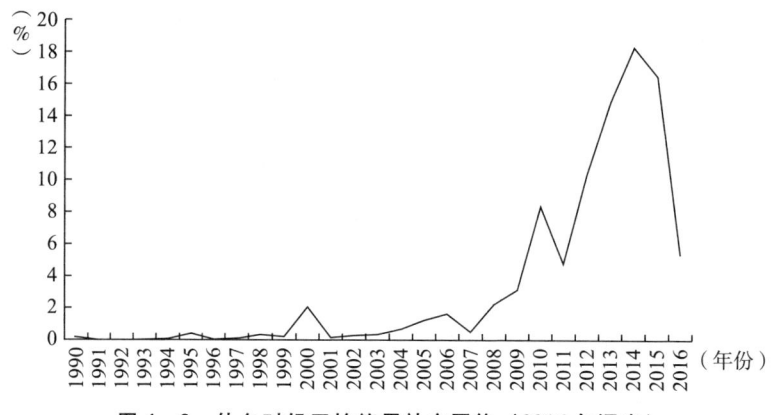

图4-3 什么时候开始使用社交网络(2016年调查)

注:此次调查中,没有调查对象表示自己在1991~1993年开始使用社交网络,故图中无此阶段数据显示。

从上述数据结果来看,越来越多的中老年人步入了互联网世界之中,尝试通过互联网联结自己的社会网络。那么中老年人在互联网应用上有怎样的特点?他们在互联网上有哪些行为表现?本章将对此逐一进行分析。

图 4-4 什么时候开始使用微信（2017年调查）

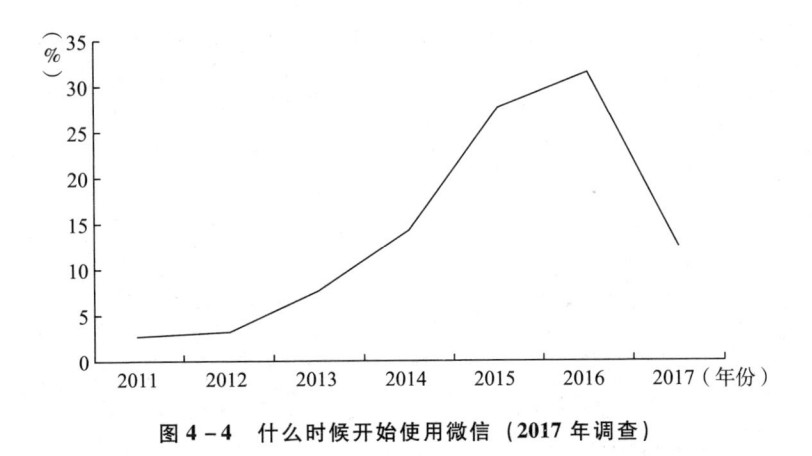

二 中老年人互联网使用的基本情况

本章根据第三章所述 2016 年和 2017 年两次线下调查的数据和来自 TBI 腾讯浏览指数和喜马拉雅 FM 互联网音频用户数据的大数据，选取了中老年人互联网生活中的典型现象进行分析，包括互联网接入、互联网相关硬件与功能使用、互联网购物、互联网支付、互联网与中老年人的社会参与以及网络文章阅读偏好等。

（一）中老年人互联网接入

1. 硬件设施：对智能手机的速度和存储空间有要求

2016 年对城市中老年人的基本调查显示，54.3% 的中老年人会使用网络，对这部分调查对象进一步分析结果表明（见表 4-1），97.0% 的调查对象会使用智能手机上网，超过半数的调查对象会使用台式电脑。一定程度上反映出智能手机对于中老年人上网的重要性，它是中老年人接触互联网的重要硬件设备。对腾讯浏览器中老年手机用户进行数据分析，从表 4-2 所列的数据来看，中老年人使用的智能手机以中低端为主，使用2000元以下手机的中老年人占68.1%，超过4000元（含）的占比不足5%。手机的三大运营商中，中老年人使用中国移动的比例较高，使用中国联通和中国电信的人数差不多。

表4-1 中老年人的上网设备（2016年调查）（$N=1762$）

上网设备	会使用的比例（%）
台式电脑	53.9
笔记本电脑	26.0
平板电脑	34.7
智能手机	97.0

表4-2 腾讯浏览器中老年手机用户的智能手机数据（$N=3576$万）

	类别	人数比例（%）
智能手机价格	1~999元	31.0
	1000~1999元	37.1
	2000~2999元	17.2
	3000~3999元	10.3
	4000元及以上	4.5
手机运营商	中国移动	66.41
	中国联通	16.88
	中国电信	16.69
	中国铁通	0.02

2017年的调查对智能手机需求做了进一步分析，结果发现：首先，被访者中，大多数中老年人将屏幕大视为手机最重要的性能，如表4-3所示，这可以理解为与其视力状况相对应的性能需求。其次，存储空间大、性价比高和速度快也是超过1/3的中老年人所看重的方面，其中，性价比高体现了中老年人精打细算的特点，但同时，中老

年人对手机的需求已不局限于满足基本通信需求,而对速度和存储空间都有了更高追求,与其开始使用更多的互联网功能和手机功能有关,如上网、浏览和存储照片、视频等。此外,1/4 左右的中老年人表示看重手机的音响效果和拍摄功能。

绝大多数中老年人(90.6%)对自己的手机满意,只有 9.4% 的中老年人不满意自己现在使用的手机,而在不满意的理由中,屏幕小、运行速度慢、存储空间不够是选择人数最多的三个原因,再次印证了中老年人对智能手机的使用具有丰富性。

表 4-3 中老年人对智能手机的性能要求(2017 年调查)(N=800)

重要的手机性能	选择人数比例(%)	不满意手机的原因	选择人数比例(%)
屏幕大	65.80	屏幕小	46.70
存储空间大	37.40	运行速度慢	42.70
性价比高	37.00	存储空间不够	36.00
速度快	33.50	外观不好看	18.70
音响效果好	25.60	运行不稳定、死机	18.70
拍摄功能好	24.30	拍摄功能不好	17.30
外观时尚	14.30	音响效果不好	16.00
小巧便携	7.30	老旧机型	14.70
其他	0.90	体积笨重	8.00

注:多选题,故比例相加大于 100%。

2. 中老年人学习互联网使用的渠道

根据 2016 年和 2017 年两次调查结果,分析中老年人在互联网使用过程中,获取帮助和支持的渠道。首先,从表 4-4 看出,中老年人在学习上网的过程中,大多数人(75.0%)要从子女处获得支持,也有超过六成的老年人自己摸索学习。而从表 4-5 的结果来看,当使用具体的互联网应用时,如学习使用微信的时候,大多数中老年人

（67.1%）还是以子女教为主，有时候，朋友、邻居和同事/同学也可充当"老师"的角色（25.6%），近1/4的中老年人（24.4%）自己摸索学会使用微信。此外，除了家人、亲朋好友之外，少数中老年人学习使用微信的"老师"还包括一些陌生人，如营业厅服务员（5.1%）。总体上，子女教，自学和亲朋好友教是中老年人学习上网和使用互联网应用的主要渠道。

表4-4 中老年人学会上网的渠道（2016年调查）（$N=1762$）

跟谁学会上网	人数比例（%）
自己	63.1
配偶	9.9
子女	75.0
兄弟姐妹	1.4
邻居	8.6
同事	4.8
朋友	13.0
其他	0.9

注：多选题，故比例相加大于100%。

表4-5 中老年人学会使用微信的渠道（2017年调查）（$N=800$）

跟谁学会使用微信	人数比例（%）
自己	24.4
配偶	9.15
子女	67.1
亲戚	6.5
朋友、邻居、同事/同学	25.6
营业厅服务员	5.1
社区老年活动老师	1.5
其他	0.8

注：多选题，故比例相加大于100%。

（二）中老年人的互联网体验呈全方位态势

1. 社交类 App 使用最为频繁

根据对 2016 年调查里中老年人在手机上使用的 App 类型的分析发现（见表 4-6），超过七成的中老年人表示最常使用的是社交类手机 App，37.2%的中老年人常使用资讯类手机 App，娱乐类和游戏类的手机 App 排在其后，其中，根据焦点组访谈的结果，中老年人使用的游戏类手机 App 多为消消乐和棋牌类的小游戏。由此看出，中老年人对于互联网的使用，主要集中于社交、获取信息和休闲娱乐几个方面。

表 4-6　中老年人手机 App 使用情况（2016 年调查）（$N=1762$）

手机 App 类型	常使用的人数比例（%）
社交类	71.2
游戏类	29.9
资讯类	37.2
工具类	24.0
医疗类	16.9
健康类	28.8
娱乐类	31.4
金融类	11.7
教育类	6.7

注：多选题，故比例相加大于100%。

2. 中老年人对互联网的功能体验

2017 年的调查进一步询问了中老年人日常上网时会用到的一些功能，包括知识获取、沟通交流、生活应用以及娱乐休闲等方面。总体上，中老年人对互联网的应用仍然集中于沟通交流和知识获取方面，但是数据也揭示，一些在人们印象中年轻人专属的便捷功能也渐渐融入中老年人生活当中，如看视频、手机支付、手机导航、打车服务以及微信小程序等。

如表4-7所示，在知识获取方面，75.8%的中老年人会上网看新闻和资讯，超过半数的中老年人（56.6%）可以自己搜索，还有一些中老年人（45.9%）会关注、浏览微信公众号的文章。根据焦点组访谈的分析，老年人上网浏览的新闻以国家和社会时事新闻为主，很少关注娱乐新闻。主要的搜索内容包括菜谱和出行、旅游相关的信息。浏览的公众号文章主要包括：传播"正能量"的文章、养生保健、运动健身、生活小窍门和菜谱等。

在沟通交流方面，微信成为中老年人使用网络沟通交流的主要工具，绝大多数中老年人（98.5%）会微信聊天，超过八成的中老年人会在微信中发表情或图片、朋友圈点赞、接收或发红包，近七成中老年人会拍摄和转发小视频。根据访谈的结果：中老年人自己拍摄和分享的小视频以旅游、健身和孙辈动态为主；转发的网络视频以趣味性较强的幽默视频为主。这些结果表明，中老年人对于微信的使用不局限于将其作为即时通信工具，还能将其作为自己表达情感和维系社交的互动平台。

在生活应用方面，中老年人应用网络的比例相对较少，四成的中老年人会在网上缴纳手机话费，三成左右的中老年人会网上购物、手机导航，1/4左右的中老年人会用打车软件或是缴纳水、电、煤气等生活费用。而会网上挂号、订火车票/机票、订宾馆这些便利服务的中老年人所占比例都很少。但是也有超过半数的中老年人表示会用手机支付，这表明时下流行的移动互联网支付在中老年群体中也有一定流行度。

在娱乐休闲方面，多数（59.3%）中老年人会用手机看视频，但是用手机听音频的比例较低，不到两成。还有部分中老年人会用手机制作相册（25.0%）和微信表情包（20.0%）这些趣味性的功能。相信会有越来越多的中老年人可以全方位地享受互联网所带来的生活便捷和乐趣。

表4-7 中老年人对互联网各方面功能的使用（2017年调查）

单位：%

	互联网功能	会用人数比例
知识获取	微信或上网看新闻和资讯	75.8
	关注公众号/订阅号并浏览文章	45.9
	上网搜索信息、新闻	56.6
沟通交流	微信聊天	98.5
	微信里发表情、图片	81.8
	微信里拍和发小视频	68.9
	微信朋友圈点赞、评论	81.6
	微信接收或发红包	83.0
生活应用	网上交手机话费	40.6
	网上交水、电、煤气等生活费用	22.1
	网上购物	32.6
	网上挂号	12.1
	网上订火车票、机票	15.4
	网上订宾馆	11.6
	用手机软件（如滴滴、快车）打车	25.8
	手机导航	33.1
	手机支付	51.5
	微信小程序	22.0
娱乐休闲	使用全民K歌、唱吧等娱乐软件	16.4
	使用手机收听节目，如喜马拉雅FM、懒人读书等	19.0
	用手机看视频，如腾讯视频	59.3
	手机上制作相册	25.0
	制作微信表情包	20.0

（三）中老年人互联网资讯关注特点

1. 中老年人点击最多的资讯：心灵鸡汤、幽默段子和时事新闻

根据 TBI 腾讯浏览指数，排名前 20 位的中老年人浏览主题如表 4-8 所示。排名最靠前的是和慰藉心灵、调节情绪有关的心灵鸡汤与幽默段子，分别有 76.51% 和 72.02% 的中老年用户浏览了这些主题；紧随其后的是时事主题，67.00% 的中老年用户浏览了这些主题；其次是以养生保健为主要内容的健康主题和以情感和性爱为主要内容的两性主题，分别有 66.85% 和 60.70% 的中老年用户浏览了这些主题。

可以说，上述主题也对应了中老年人的普遍需求，包括情感需求（慰藉、愉悦）、认知需求（获取资讯）和生理需求（健康、性爱）。除此之外，排名较为靠前的主题还体现了中老年人多元化的兴趣爱好，比如旅游、军事、科技、人文、美食，以及中老年人对投资、理财、置业的关注，比如房产、财经。

此外，通过与腾讯浏览器全部用户浏览相关主题的比例进行对比，可以发现，中老年人浏览这些主题的比例要高于用户总体的比例。也就是说，这些主题在中老年群体中的受关注度更高。

表 4-8 排名前 20 位的中老年人浏览主题分析（$N=3576$ 万）

单位：%

序号	浏览主题	中老年用户中浏览此主题的人数比例	全部用户浏览此主题的人数比例
1	心灵鸡汤	76.51	53.22
2	幽默段子	72.02	56.26
3	时事	67.00	46.26
4	健康	66.85	40.71
5	两性	60.70	47.81

续表

序号	浏览主题	中老年用户中浏览此主题的人数比例	全部用户浏览此主题的人数比例
6	社会	56.52	45.16
7	旅游	55.07	34.58
8	娱乐	49.88	38.94
9	军事	49.77	23.67
10	科技	46.43	31.85
11	人文	45.65	25.07
12	美食	43.57	28.85
13	教育	41.18	30.94
14	星座命理	39.78	23.83
15	故事体文章	36.84	28.97
16	房产	34.66	19.67
17	历史	34.17	13.40
18	商业职场	32.85	23.84
19	财经	32.03	17.39
20	猎奇	30.65	11.35

2. 中老人关注资讯特点：关心国内时事和军情，健康方面养生当道

根据焦点组访谈结果，中老年人普遍表示"平时都会看看新闻"，"看看军事方面有什么动态"，"健康、保健对我们来说很重要"。为此，对于这三类主题的浏览做进一步的分析，结果如表4-9所示。从表中看出，中老年人更加关心国内时事新闻，对国际新闻关注相对较少；同时，对军事军情也展示了较多关注；在健康方面更留意保健养生的信息，其次会浏览疾病相关的主题，较少关注减肥和健身主题。

这些资讯关注特点，可能用中老年人在访谈中自己的描述来解释较为合适，多个访谈对象提及"我们这代人和你们不一样，成长的环

境不同，很关心国家大事的"。这些中老年人多是伴随着祖国的成长而成长起来的，如火如荼地参与了国家从无到有的建设过程，又经历了社会转型的进程，一路走来，家国情怀已然烙印于心，自然而然会关心国家发展动态。几乎所有的访谈对象都认同"我们这个岁数，最重要的不就是健康嘛，健康才有一切啊。不给子女添麻烦，有尊严，这是最宝贵的"，"真病了子女怎么办，他们不是不想管。怎么管？管了自己工作就没有了，他们的家庭怎么办？所以啊，一定要注意健康"。一方面，面对不可避免的生命发展规律，中老年人要有意识地更多关注自己的身体健康，让生活更有质量；而另一方面，面对现实的养老问题，中老年人大多达成了共识，家庭养老困难重重，社会养老还不健全，所以，自己保持身体健康尤为关键，这样才能不麻烦子女。这也就可以解释中老年人为什么如此热衷养生保健的信息，不仅仅是对自己健康状况的担忧，可能更深层地折射出对养老的担忧和无奈。

表 4-9 中老年人部分浏览主题的特征分析（$N=3576$ 万）

单位：%

主题	主题分类	中老年用户中浏览此主题的人数比例	全部用户浏览此主题的人数比例
时事	国际	18.96	7.05
	国内	65.06	44.78
军事	军事军情	45.76	20.49
	军事历史	22.04	7.53
	武器装备	13.08	5.11
健康	保健养生	65.09	37.03
	疾病	37.64	18.72
	减肥	13.13	8.51
	健身	9.60	4.95

3. 中老年人最爱心理咨询相关的音频节目

随着移动音频的流行，人们使用手机不仅可以听广播和音乐，还可以听小说、讲座、养生、情感、财经甚至党课等各方面的节目。根据喜马拉雅 FM 的大数据，50 岁以上的中老年用户为 20970 人，占总用户的 0.38%，其中男性占 56.4%，女性占 41.2%（性别保密的用户占 2.45%）。可见，移动音频在中老年群体中的普及程度还比较低。

这些率先使用音频平台的中老年人，都喜欢收听什么样的专辑？又会主动搜索哪些内容？表 4-10 列出了排名前 20 位的相关结果。中老年人最喜欢收听的专辑主题里，有声书遥遥领先，可以看出来中老年人对音频平台的运用主要集中于"听"书。音乐和人文专辑的点击量也比较靠前，反映出中老年人主要的兴趣爱好。而教育培训和儿童也有一定的点击量，一方面可能是中老年人满足自身学习知识所需，另一方面很多中老年人可能还要承担照顾孙辈的责任，因而关注教育方面的内容，儿童方面的内容可能是给孙辈收听。

中老年人搜索最多的内容是依恋三部曲，这是一个和心理咨询有关的音频节目，在一定程度上反映出中老年人需要理解和关怀的心理需求。排在其后的搜索内容主要为小说名或作家名，以及戏曲类的内容，与中老年人的兴趣相对应。

表 4-10 中老年人收听的专辑类型和搜索主题排名（$N=20970$）

单位：%，次

序号	专辑类型	占比	搜索主题	搜索量
1	有声书	32.3194	依恋三部曲	1708
2	教育培训	9.0966	艾宝良	605
3	音乐	8.8037	红楼梦白话	373
4	人文	8.7509	史记	336
5	其他	6.1868	大明王朝_97	327

续表

序号	专辑类型	占比	搜索主题	搜索量
6	儿童	5.1521	红楼梦	280
7	情感生活	4.4030	艾莫系统创富大学	278
8	健康养生	3.7908	盗墓笔记	257
9	历史	3.6588	秦腔	222
10	相声评书	3.3347	三国演义	210
11	外语	3.0730	植物大战僵尸	201
12	商业财经	2.6889	梁凯恩	193
13	戏曲	1.7550	河南坠子	186
14	娱乐	1.5293	新概念	175
15	旅游	1.0563	八字	173
16	时尚生活	0.8883	徐淑芬心理咨询师	168
17	广播剧	0.8259	周建龙	166
18	头条	0.8067	金庸	160
19	电台	0.4706	金刚经	159
20	IT科技	0.4129	百家讲坛	157

（四）中老年人与网络购物和互联网支付

1. 中老年人较少使用网络购物，不习惯和不信任为主要原因

在信息化社会，网络购物已不再是新鲜事物，那么中老年群体是否也会使用网络购物，他们的线上购物又有怎样的特点？2016年调查中，使用互联网的调查对象中，有19.2%的中老年人有过网络购物的经验，而根据表4-11所列的数据，这些中老年人经常使用的网络购物平台以电商网站为主，使用人数超过了九成；21.9%的中老年人会直接到商户或窗口网站购物，13.0%的中老年人在微商或者微信界面有过网络购物的经验。前文表4-7的数据结果显示，2017年调查中，

32.6%的中老年人有过网络购物体验。两个调查的结果都表明,中老年人使用网络购物的比例不高,主要的网络购物途径是电商网站。

表4-11 中老年人网络购物平台(2016年调查)(N=338)

购物平台类型	人数比例(%)
网站(淘宝、京东等)	93.5
热线电话	5.3
手机终端App	5.9
数字电视界面	4.1
微商或者微信界面	13.0
直接到商户或窗口	21.9
其他	0.3

注:多选题,故比例相加大于100%。

进一步分析中老年人对网络购物的顾虑发现(见表4-12),59.4%的调查对象不习惯上网购买商品或服务的形式,而56.8%的调查对象表示因不能看见商品,无法确认商品质量而存在顾虑。

表4-12 中老年人对网络购物的顾虑(2016年调查)(N=1762)

对网络购物存在的顾虑	人数比例(%)
不习惯上网购买商品或服务	59.4
不能看见商品,无法确认商品质量	56.8
上网退货太麻烦	32.1
曾经上当受骗	8.5
网络支付有风险	17.4
其他	2.8

注:多选题,故比例相加大于100%。

另外,在焦点组访谈过程中发现,一些中老年人表示虽然自己较少进行网络购物,但会让子女帮自己从网上买。根据我们对这些中老年人的子女数据分析发现，33.8%的子女曾经通过网络购物给父母买过商品，其选用平台与中老年人自己选用的相类似，94.4%的人会使用电商网站，21.6%的人会直接到商户或窗口网站，13.8%的人会通过微商或者微信界面购物（见表4-13）。

表4-13 中老年人子女网络购物平台（2016年调查）（$N=486$）

购物平台类型	人数比例（%）
网站（淘宝、京东等）	94.4
热线电话	4.1
手机终端App	8.8
数字电视界面	2.5
微商或者微信界面	13.8
直接到商户或窗口	21.6
其他	0.2

注：多选题，故比例相加大于100%。

2. 中老年人网络购物的支付方式：支付宝、微信是首选

无论是线上还是线下消费，互联网支付、手机移动支付在日常生活中越来越普遍，大至商场、超市小至早点铺、菜摊，都可以采用手机支付来购买商品或服务。在这种大环境下，中老年人对于互联网支付的使用情况和态度又是如何？

我们对有过网络购物经验的中老年人的网购支付方式进行了分析，结果发现（见表4-14），超过六成的网购中老年人常用支付宝，使用微信支付的人数也超过了四成。另外超过三成的人表示常会选择货到付款，近1/4的人会找子女代付。这一结果表明，中老年人在使用网络购物时，虽然也会用货到付款或找子女帮忙，但更多人还是开始使用互联网支付方式，并以常见的支付宝和微信支付为主。

表 4-14　中老年人网络购物支付方式（2016 年调查）（$N=338$）

支付方式	人数比例（%）
支付宝	65.1
微信支付	43.2
财付通	4.7
手机 QQ 钱包	2.1
百度钱包	3.0
京东钱包	2.7
翼支付	0
手机银行应用	5.9
银联钱包	5.9
银联在线支付	8.0
货到付款	33.7
子女代付	24.0
其他人代付	0
其他	0

注：多选题，故比例相加大于100%。

3. 半数中老年人使用手机支付

在移动支付方面，根据2017年调查数据，46.3%的中老年人表示从未用过手机支付，36.4%的中老年人表示偶尔用，17.4%的中老年人表示经常用。中老年人是否使用手机支付与是否绑定银行卡有很大关系，如图4-5所示。绑定银行卡的中老年人中，高达92.4%的中老年人用手机支付，其中41.5%的人经常使用，50.9%的人偶尔使用。而未绑定银行卡的中老年人中，则只有28.6%的人使用手机支付，其中仅有1.7%的人经常使用，26.9%的人偶尔使用。该研究反映了绑定银行卡能够促进中老年人使用手机支付，当然也可以理解为，乐于用手机支付的中老年人大多对相关账号进行了银行卡绑定。

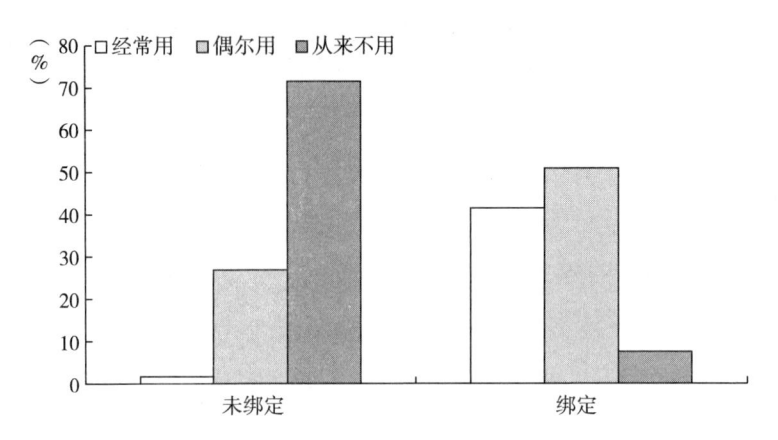

图 4-5 中老年人的手机支付与银行卡绑定的关系（2017调查）

以常用的支付平台微信和支付宝为例，39.5%的中老年人在微信或支付宝账号绑定了银行卡（借记卡或信用卡），具体而言，32.1%的人绑定了借记卡，4.6%的人绑定了信用卡，2.8%的人同时绑定了借记卡和信用卡。对于绑定了银行卡的这部分中老年人，91.8%的人绑定的是自己的银行卡，6.6%的人绑定了子女的银行卡，1.6%的人绑定的是配偶的银行卡。从表4-15的结果来看，绑定银行卡的中老年人当中，超过半数（55.7%）的人绑定的银行卡的存款金额或额度在5000元及以下，主要集中在501~1000元和1001~5000元这两个区间内。绑定存款金额或额度在1万元以上的银行卡的人数（7.9%）较少。

表 4-15 中老年人绑定银行卡的额度（$N=316$）

存款金额或额度	选择人数比例（%）
少于100元	2.2
100~500元	9.8
501~1000元	20.6
1001~5000元	23.1
5001~10000元	12.3

续表

存款金额或额度	选择人数比例（%）
10000 元以上	7.9
不知道	7.3
拒绝回答	16.8

绑定银行卡的中老年人还是比较独立的，58.2%是自己独立绑定的，不少情况下由子女帮忙（36.7%）。除此之外，银行卡涉及财产安全和隐私，从朋友、亲戚那里获取帮助的情况不多，但是，对于银行或手机营业厅服务人员这样的"陌生人"，由于其专业身份，还是获取了一部分中老年人的信任，8.9%会从其处寻求帮助。

4. 安全感知和易操作性是推动中老年人使用手机支付的关键因素

分析发现，中老年人对于手机支付安全与否的感知和手机支付使用之间存在显著关系，如图4-6所示。认为手机支付非常安全的中老年人中，97.6%在日常生活中会使用手机支付，其中近七成经常使用，近三成偶尔使用。认为手机支付比较安全的中老年人中，80.9%选择用手机支付，其中近三成经常使用，超过半数的人偶尔使用。而认为手机支付不太安全的中老年人中，则有74.8%的人从来不用手机支付，25.2%的人会偶尔使用。认为手机支付非常不安全的中老年人，没有人选择用手机支付。可见，安全感知是决定中老年人是否用手机支付的重要因素之一。

为了解中老年人在使用手机支付过程中的经历和心理体验，针对使用过手机支付的中老年人，分析了他们对手机支付易操作性和信息安全的看法以及受骗经历，结果见表4-16。大多数中老年人表示手机支付的操作很容易、自己没有过受骗经历，半数中老年人表示在使用手机支付时担心个人信息会泄露。整体上，中老年人的手机支付体验比较积极。但是，数据也反映了中老年人对个人信息的保密意识不

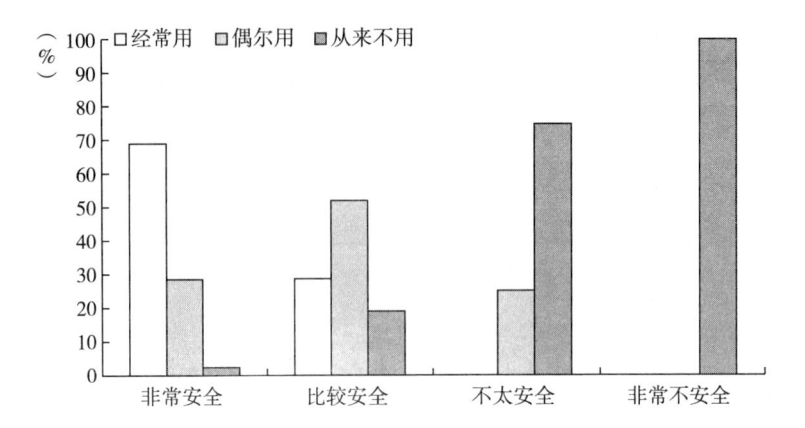

图 4-6 中老年人的安全感知与手机支付使用的关系（2017年调查）

够强，存在一些安全隐患。

表 4-16 中老年人对手机支付的体验（2017年调查）（$N=430$）

题目	选项	选择比例（%）
手机支付操作便利性	容易	87.0
	不容易	13.0
手机支付受骗经历	有受骗经历	13.5
	没有受骗经历	86.5
支付时是否担心个人信息泄露	担心	50.0
	不担心	50.0

（五）互联网与中老年人的社会参与

1. 中老年人最广泛参与的社会活动是运动健身和旅游，广场舞排在第三位

根据2017年调查数据，中老年人参与最多的集体活动是运动健身和旅游，分别有70.1%和67.4%的中老年人或多或少参与过。此外，中老年女性参与广场舞、交际舞等舞蹈活动和唱歌活动的比例也超过了半数，分别为58.9%和53.5%，而在这两项集体活动中，中

老年男性的参与比例都较低。类似的，中老年女性参与社区活动和志愿者服务的比例也高于中老年男性，女性分别有45.3%参与过社区活动，27.9%参与过志愿者服务；而中老年男性则有32.1%参与过社区活动，19.8%参与过志愿者服务。不过，中老年男性参与书法绘画的比例（23.3%）高于中老年女性（17.4%）；参与读书写作的比例（24.9%）也高于中老年女性（16.4%）（见图4-7）。

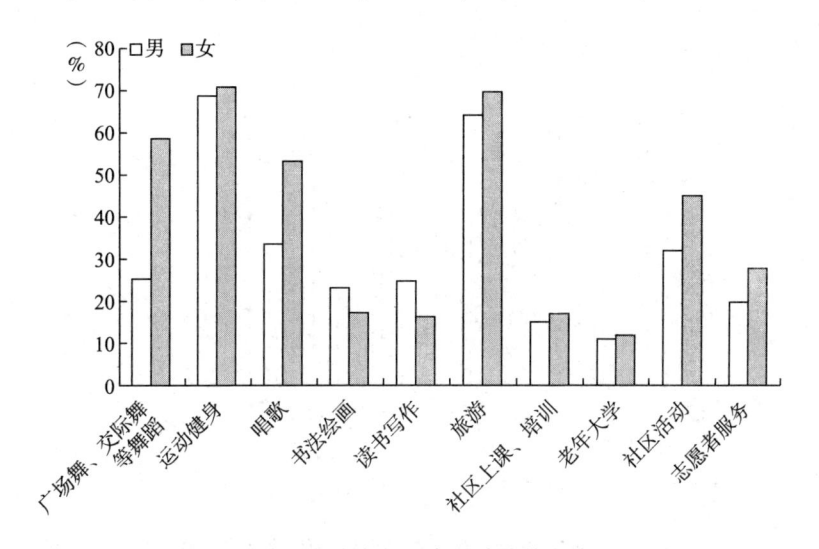

图4-7 男性和女性中老年人参与社会活动的基本情况（2017年调查）

2. 微信在中老年人社会活动的参与和组织中扮演重要角色

微信、电话和面对面沟通都是中老年人参与和组织社会活动的主要联络方式，但是，在中老年人最常参与的旅游、运动健身和广场舞活动中，微信是最常见的联络方式。从图4-8中看出，对于广场舞、唱歌和运动健身这些组织性较强、人员较为固定、所在地又相对较为集中的活动来说，整体上微信联络的方式最为常见，分别有69.4%、61.9%和59.5%的中老年人选择微信联络；其次是电话联络的方式；面对面沟通也占到一定比例。社区类的集体活动，以及书法绘画和读书写作这样的交流活动，电话联络的比例稍高于微信，然后是面对面沟通的形式。旅游的联络和组织则主要依靠微信，67.2%的中老年人选择此项，紧随其后的是电话这一方式。

从参与频率和联系方式来看，如图4-8所示，经常参与各类社会活动的中老年人使用微信进行联络的比例最高，而在有时或者偶尔参与某活动（如运动健身、唱歌）的时候，传统的面对面沟通或电话联络的方式会相对多些。

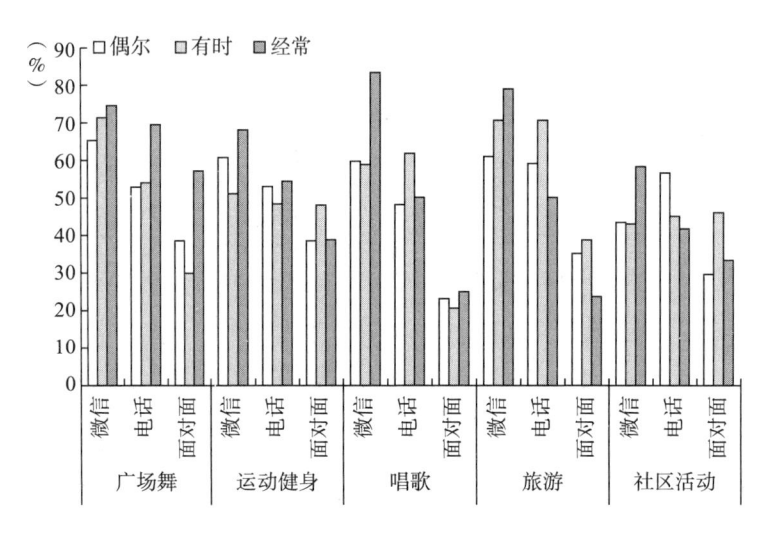

图4-8 中老年人社会活动参与频率与使用联络方式的关系

（六）中老年人的网络文章阅读和转发

随着中老年人对互联网世界的参与程度加深，中老年人自身的生活阅历、偏好乃至文化品位也投射到了互联网世界，构建了独特的互联网使用方式和互联网文化。而最具代表性的中老年人互联网文化就是对心灵鸡汤和养生保健信息的偏好。

1. 养生保健类是中老年人最喜欢浏览的微信文章类型

根据2017年调查数据的结果（见表4-17），使用微信的过程中，深得大多数中老年人喜欢的是养生保健类和生活常识类信息，分别有74.9%和72.8%的中老年人选择平时喜欢在微信上浏览这两类文章。此外，也有较高比例中老年人喜欢浏览时事新闻类、政府政策类、旅游类和情感类文章。

表4-17 中老年人在微信上喜欢浏览的文章类型（2017年调查）

单位：%

文章类型	比例
情感类	42.5
时事新闻类	68.3
政府政策类	59.5
爱国/军事类	46.1
人文历史类	39.1
社科思想类	27.1
高科技相关	30.1
生活常识类	72.8
养生保健类	74.9
投资理财类	31.0
旅游类	52.0
舞蹈/广场舞类	36.0
摄影类	19.8
励志/人生态度类	33.1

注：多选题，故比例相加大于100%。

前文提到，TBI腾讯浏览指数也显示，中老年人浏览健康有关的资讯占到很高比例，这些资讯的浏览以日常保健为主要目的，而出于减肥、健身等目的的占较低比例。

偏好养生保健类文章的中老年人中，女性比例较高，占55.1%，以初、高中学历为主。偏好养生文的中老年人通常对自身健康非常重视。其中，认为身体健康对于幸福理想的晚年生活来说非常重要的占

74.8%,比较重要的也占到了21.1%;与之类似,认为自己目前身体健康状况需要改善的占到了79%。

中老年人表示喜欢浏览励志/人生态度类文章的比例仅在1/3左右,不同于对中老年人通常的认知——"中老年人的微信朋友圈充斥着心灵鸡汤"。具体来看,偏好"心灵鸡汤"的中老年人中女性居多,占58.9%;高中/中专/职高学历的中老年人居多,占42.3%。

数据显示,喜欢养生保健类文章的中老年人也更喜欢生活常识类、时事新闻类、政府政策类、旅游类和情感类的文章。如表4-18所示,喜欢养生保健类文章的中老年人中,84.3%喜欢生活常识类文章,69.4%喜欢时事新闻类文章,60.1%喜欢政府政策类文章,58.6%喜欢旅游类文章,47.2%喜欢情感类文章。我们在焦点组访谈中也发现,中老年人比较关心国内外时事政治以及与切身利益相关的政策,典型的包括涨退休工资、养老制度改革等相关资讯,但是这些资讯充斥着很多谣言,使得中老年人比较困扰。

表4-18 喜欢养生保健类文章的中老年人同时喜欢的文章类型(2017年调查)

单位:%

文章类型	比例
生活常识类	84.3
时事新闻类	69.4
政府政策类	60.1
旅游类	58.6
情感类	47.2
爱国/军事类	44.6
舞蹈/广场舞类	43.4
人文历史类	40.6
励志/人生态度类	36.1

续表

文章类型	比例
投资理财类	35.1
高科技相关	28.2
社科思想类	27.0
摄影类	22.5

注：多选题，故比例相加大于100%。

2. 焦虑生老病死的中老年人更依赖心灵鸡汤

本书也分析了心理机制对中老年人偏好养生和鸡汤文的影响。测量死亡焦虑的量表包括："我非常恐惧死亡"，"想到自己的死亡时，我就焦虑不安"，"我尽可能不去想死亡的事情"。测量死亡接纳程度的量表包括："死亡是生命中自然的一部分"，"死亡谈不上是好事还是坏事"。测量尺度有四类："非常不同意""不太同意""比较同意""非常同意"。我们将"非常不同意"到"非常同意"分别赋1~4分。

表4-19显示了样本中，中老年人的死亡焦虑程度和死亡接纳程度[①]。中老年人整体上表现出了中度偏低的死亡焦虑和中度偏高的死亡接纳。

表4-19 中老年人对于生老病死的焦虑程度（2017年调查）

单位：%

	死亡焦虑程度	死亡接纳程度
低度	34.9	11.5
中度	51.3	53.0
高度	13.9	35.5

[①] 死亡焦虑指数得分从3分到12分，将6分及以下定义为低度焦虑，将7分到9分定义为中度焦虑，将10分及以上定义为高度焦虑。死亡接纳指数得分从2分到8分，将4分及以下定义为低度接纳，将5分到6分定义为中度接纳，将7分及以上定义为高度接纳。

相对而言,死亡焦虑程度高以及死亡接纳程度低的中老年人喜欢看养生保健类文章的比例较低,更喜欢看"心灵鸡汤"。在低度或者中度死亡焦虑的中老年人中,约1/3喜欢看"心灵鸡汤",而在高度死亡焦虑的中老年人中,42.3%表示喜欢"心灵鸡汤"(见表4-20)。

可能的原因是,对于生老病死比较困扰的中老年人更害怕了解自己的健康状况甚至害怕就医,从而更需要鸡汤类文章引导人生态度或者寻求精神寄托。但是对于"心灵鸡汤"的依赖,不利于中老年人正视自己的身体问题,从而难以及时有效地采取医疗保健措施。

表4-20 死亡态度与中老年人阅读偏好的关系(2017年调查)

单位:%

	励志/人生态度类	养生保健类
死亡焦虑程度		
低度	31.5	78.1
中度	31.7	75.1
高度	42.3	65.8
死亡接纳程度		
低度	78.3	28.3
中度	75.0	32.5
高度	73.6	35.6

3. 转发微信文章成为中老年人社交手段之一,且存在社交圈区分

中老年人不仅对不同类型的微信文章有不同的喜好,并且,在阅读文章后会转发。通常转发在朋友圈的人数较多,同时,还会根据文章内容,有选择地转发给不同的社交圈内的人,将转发文章变成了一种社交方式。

从表4-17中看出,深得大多数中老年人喜欢的是养生保健类和生活常识类文章,分别有74.9%和72.8%的中老年人选择平时喜欢在微信上浏览这两类文章。此外，也有较高比例中老年人喜欢浏览时事新闻类、政府政策类、旅游类和情感类文章。对于大多数的文章，人们首先想到的转发对象就是发布在朋友圈。除此之外，调查对象会根据文章类型有选择地转发给不同的对象。如对于情感类、生活常识类、养生保健类、投资理财类和励志/人生态度类的文章，首先想转发给子女和家人的情况比较多；而对于旅游类、舞蹈/广场舞类和摄影类、爱国/军事类、高科技相关这类与个人爱好关联较大的文章，首先想到转发给志趣相投的朋友，较少先想到转发给子女和家人；而人文历史类、社科思想类文章，也多是想到转给共同兴趣朋友或是同学、知青、战友（见表4-21）。

表4-21 中老年人微信文章转发情况

单位：%

文章类型	首先想到的转发对象						
	子女和家人	同事	同学、知青、战友	共同兴趣朋友	社区群/邻居群	朋友圈	不转发
情感类	17.1	5.6	7.1	10.0	2.1	31.5	26.8
时事新闻类	6.0	9.3	7.5	10.6	4.6	30.8	31.1
政府政策类	8.8	6.5	6.5	10.3	6.5	33.4	27.9
爱国/军事类	3.8	5.7	9.2	15.2	5.1	25.7	35.2
人文历史类	4.8	8.6	9.9	13.4	3.8	20.1	39.3
社科思想类	6.0	5.5	9.2	12.0	6.9	19.8	40.6
高科技相关	4.6	7.5	3.7	14.9	6.2	26.1	36.9
生活常识类	24.1	4.1	4.3	10.8	7.6	33.3	15.8
养生保健类	24.5	4.2	6.5	11.5	6.8	33.4	13.0
投资理财类	19.8	6.5	3.6	12.1	2.8	16.5	38.7
旅游类	7.5	5.8	6.0	27.4	4.1	35.3	13.9
舞蹈/广场舞类	1.4	2.8	4.2	26.4	18.4	23.6	23.3
摄影类	3.8	6.3	7.6	17.7	8.2	32.9	23.4
励志/人生态度类	16.6	4.9	7.2	9.8	4.5	38.5	18.5

第五章　中老年信息化时代的美好生活需要与积极社会心态

如前所述，社会需要是社会心态的动力基础，也是本研究行动愿景分析框架的重要组成。本部分将主要根据焦点小组访谈和2017年问卷调查的数据，对信息化时代背景下，中老年人的美好生活需要进行分析。

参与焦点组访谈的101位中老年人，来自哈尔滨、北京、上海、江苏等地的城市和农村，年龄最小的50岁，最大的78岁。他们有的独居，有的和子女同住；有的子女在本地，有的子女在外地或国外。他们有不同的职业背景：工人、高校教师、中小学老师、医护人员、技术人员、财务人员、药剂师、警察、销售人员、保安、农民、乡村干部……他们有丰富的人生经历：有的参过军，有的支援过三线建设，有的演过话剧……这些中老年人的共同点是，在互联网时代，他们都主动或被动地卷入了互联网之中，通过不同形式的互联网融入和自我与生活意义的互构，他们中有人发出"落伍"之感叹，有人则乐在其中、奏响了生活新乐章。随着家庭模式的变化和社会日新月异的发展，中老年人的美好生活需要日益广泛，不再局限于生活照料、医疗保健、健康管理等方面的基本需要，开始追求更多样化、更高层次的需要满足。随着移动互联网和智能手机的迅速发展和普及，中老年人接入互联网的门槛降低，极大程度扩展了他们的社交圈、活动圈和生活圈，社交模式和生活方式都发生了转变，其美好生活需要也相应表现出新的特点。

一　中老年人追求品质化生活的需要

在多城市调研中，通过分析中老年人对理想晚年生活的展望，我们发现，吃穿够用、就医便利这些基本需要的满足，被视为生活保障但不是生活目标。在提到美好生活的时候，调查对象几乎都一致地将身体健康列为幸福生活的前提。在此基础上，很多老年人开始重视生活品质，要"有尊严""有品质"地活着，自由享受退休生活的乐趣。

问：您觉得理想的、幸福的晚年生活大概是什么样的？
答1：我是觉得身体健康，子女全家都平安、工作稳定。
（太仓 X 社区）
答2：我觉得老年人身体健康是最幸福的，还有孩子懂事孝顺，不一定要挣多少钱，首先要懂事。
（太仓 Q 社区）
答3：让自己感到生活充实就可以了，还有一点，到晚上吃晚饭，一家人坐在一起吃晚饭，那个时候就是最开心的时候。
（太仓 Q 社区）
答4：一方面，我觉得孩子有一个自己理想的工作，满足自己的生活需要，不当啃老族，这是老人最大的幸福；另一方面，老年人最幸福的就是有一个健康的身体，当然，人吃五谷杂粮都要有病，但是平时要注重各方面的健康、饮食、锻炼，这样儿女也少操心,自己也少遭罪,我觉得这是老年人最大的幸福。另外,有自己的自由空间,能够想走就走,想玩儿就玩儿,这样比较好。

(哈尔滨Y小区第一场)

答5:生活比较充实,你爱好什么东西就去玩什么东西。

(太仓Q社区)

答6:两位老人住在一起,子女没有什么大的烦心事,平时生活当中有爱好的能够做做自己喜欢做的。

(太仓Q社区)

答7:我们虽然年龄不同、经历不同,但是老年生活就一个道理,自己想干啥干点啥,自己认为应该干的就干,不应该干的就不干。

(哈尔滨G大学)

答8:我靠着别人的话,我自己心里也很难过的,我希望到老的时候,我还是很有尊严地生活。

(上海公益新天地第二场)

答9:现在老年人社会活动尽量能够多参加一些。不要老是待在家里,跟老年人的社会群体多接触,这样包括学习和运动,多增加一些丰富多彩的生活。

(太仓老年大学)

答10:最主要就是要健康,以前在单位里上班没有时间……退休以后给了我这段时间,让我有充足时间锻炼身体,再就是实现我的爱好。还有就是旅游。

(上海公益新天地第一场)

答11:我想趁走得动的时候出去走走,看看世界,世界那么大,找几个志同道合的一起聚聚。国外比较流行抱团养老,因为你以后一定会一个人的,大家抱团养老,志同道合的,出去旅游的写写游记。

（上海公益新天地第一场）

答12：我退休下来第一个想法，就是让自己发光，能够分享大家的光。我58岁才学会开车，那是为我退休活动做准备的。我学会开车之后增加了很多乐趣，为大家做事，为自己做事。为自己做事就是出去旅游，找自己想去的地方，所以很充实的；为大家做事就是做志愿者。

（上海公益新天地第一场）

答13：能动的时候还是出去走走，做做力所能及的事，包括志愿者的活动。到不能动的时候，我们现在是互联网时代，马上进入物联网时代了，希望一切都能顺顺当当地，自己能够维持吧。比如说我要吃什么饭了，现在已经达到了可以送了，不能动的时候，可以坐在轮椅上，操作一下电脑、手机，能够自己玩，就是玩嘛。

（上海公益新天地第二场）

从上述中老年人的回答来看，虽然对于美好生活的理解，不同受访者有不同的侧重，但可以看出，健康、子女孝顺、家庭安稳的需要基本可以被划分为中老年人眼中的基本需要，也符合人们印象中的美好的"夕阳红"生活。但是，在这些答案中，我们看到的描述更多的是"喜欢什么做什么""实现自己的兴趣""看看世界，世界那么大""很有尊严地生活""让自己发光"……中老年人开始追求更高层次的需要，自尊的需要、自我实现的需要。

同时，中老年群体中开始出现对"无龄化"养老的认同趋势，也就是认可生活态度不受年龄束缚。这样的转变符合发展心理学中"毕生发展理论"的预期，传统老年心理学有"老年丧失论"的假设，认为老年期是一生获得的丧失时期，包括身心健康、经济基础、社会角色和生活价值的丧失，这些对于人生具有重大意义的内容相继丧失，被认为是老年时期的基本特征。这就将老年描述成不断老化和退化的阶段。但是，这一观点受到了巴尔特斯的"毕生发展论"的挑战，这一理论的基本观点是，心理发展贯穿一生，心理发展总是由生长和衰退两个方面结合而成。毕生发展论强调老年阶段心理积极变化的因素在一定程度上可以延缓衰老，同时强调发展的延续性和各个阶段都有增长的发展特点。脑科学和心理学的研究进展支持了这一理论，表明人们的认知能力、推理思维能力在老年并不一定显著下降，老年期也不是心理发展的终点（黛安娜·帕帕拉等，2013）。

> 我们这些老年人，你看外表好像是老年人，其实是没有年龄限制的，无龄化，就是没有年龄化的，年轻人会的我们也会……就是无龄化养老。晚年这个年龄很难说的，现在最理想的就是120岁。不是我说的，是科学家说的，120岁是最高年龄，但是我们能够（活）多少岁？高兴一天就玩一天，现在家务繁忙，忙，但也是乐。所以我不认为自己头发白了就是老，这是不对的，关键是心态要好。
>
> （上海公益新天地第一场）

二 尽享天伦与独立自主需要并行

中国传统文化强调合家团聚，儿孙环绕、天伦之乐是很多中国老人理想的生活状态。现代社会，伴随着家庭结构的变化和人口流动的加剧，亲子间的地理距离逐渐被拉开，老年人对于亲子关系和孝顺的认知和期待也发生了变化。越来越多的老年人开始追求自己的生活空间，多渠道寻求情感慰藉。在焦点组访谈过程中，受访者畅想理想生活时或是对自己生活状况进行评价的时候，虽然也乐意享受天伦之乐，但越来越多体现出的是对自由空间、自在生活的需要，而不是和儿女住在一起或是照顾孙辈。

问1：您觉得理想的、幸福的晚年生活大概是什么样的？

问2：您对自己现在的生活状态满意吗？

答1：我看着我家小宝贝我就幸福。累并快乐着。烦躁的时候一看那个小脸，烟消云散。别的你说我们现在还需要什么？什么也不需要了，退休都有工资，家里都有住房，孩子们有他们的事业。像我们这个年龄，保持好身体，保持一个好心态。不能太频繁地旅游，偶尔地一年出去一趟两趟旅游，玩儿一玩儿，主要还是享受一下天伦之乐，我觉得这样是比较好的。

（哈尔滨F小区第二场）

答2：我是非常满意我的生活的，我现在孙女看大了，今年上学了，我可开心了。不用天天陪她上学了，我这不就轻松了嘛。

（哈尔滨F小区第二场）

答3：我现在就是跟外孙捆绑在一起了，要不是捆绑在一起，我都飞到天上去了。

（上海公益新天地一组）

答4：不大自由，还得给他们哄孩子，不给他们哄孩子就挺好。

（北京大兴区Z村第一场）

答5：我现在觉得没有什么负担，不看孩子，两个老人在家里。什么叫幸福？就是稳稳当当的，没什么事，这就叫幸福了。我现在不给孩子做饭了，我要上北京去那得做，现在在家不用，所以我觉得挺幸福。今天出去玩儿，不用操这个心，（想着）我得赶快回家，孩子一会儿回来想吃啥，这就忙叨，累得慌。

（哈尔滨F小区第一场）

答6：我刚跟孩子分出来一年，感觉到现在家里就剩我俩，很自由，不累了，我想上哪儿就上哪儿了。

（哈尔滨Y小区第一场）

答7：和子女就是有分有合。

答8：现在问题是，孩子在事业单位也挺忙的，你也不能天天把孩子抓到这儿来，所以他干什么，我让他大胆出去干。你自己年纪轻轻，现在还没奔70呢，能走能跳的，还是让儿女自己（生活），所以不乐意跟他们在一块儿。

（哈尔滨F小区第一场）

答9：应该是两个人的世界，孩子他们也有孩子，你年纪大了，肯定孩子不嫌弃你……但自己觉得不自由。

（太仓X社区）

答10：宁可住在小一点的地方。让他们有空间。

（太仓X社区）

答11：我也想两人世界，自己要有自己的生活。

（太仓Y社区）

从这些回答来看，中国传统的天伦之乐的观念在现代社会有了变化。以儿孙环绕这一传统观念中的理想晚年生活为例，虽然一些受访对象表示照顾孙辈是累并幸福着，乐在其中，但更多的受访对象表示这限制了自己的活动，羡慕朋友们可以想去哪里去哪里，更希望不用和孙辈捆绑在一起。子女身在外地的时候,很多父母表示并不愿意到他们身边居住,生活不习惯,还要做家务,没有自己在家里舒服。不过,受访对象一致表示,如果子女需要,还是会帮着他们照顾家庭、照顾孙辈。这表明,一方面,多数中老年人仍然秉承中国传统的家庭取向的价值观,以子女为重;另一方面,中老年人的幸福来源不再局限于子女承欢膝下或是儿孙绕膝,而是开始渴望拥有自己的生活,追求自在、自由的生活状态,一些受访对象提到的"二人世界"(老两口自己生活)、与子女"有分有合"的概念获得了大多数受访对象的赞同。

总体上,对子女依赖的降低、对自主性的追求,让老年人寻求情感慰藉的途径也日趋多元化,不再单一来源于家庭内部。除了构建自己的社交圈和发展兴趣爱好之外,很多老人开始利用互联网调节心情。如第四章中对腾讯浏览器的大数据分析,老年人浏览最多的主题就是与慰藉心灵和调节情绪有关的心灵鸡汤和幽默段子。近年来兴起的移动音频也成为老年人调节情感的途径之一,前述喜马拉雅FM的大数据分析显示,老年人最喜欢搜索与心理咨询相关的栏目。

三 养老观念的转变

与独立自主需要相对应的是,中老年人的养老观念在现代社会也发生了一定的转变。"养儿防老"的传统观念正在顺应时代的变化而发生一些改变。访谈中的中老年人大多理解儿女的难处,对依靠子女养老的预期较低,一些人因此而对自己未来的养老问题很担心,一些人相信会获得子女或社会的回馈,一些人设想采用抱团养老、旅居养老这样新的养老方式。

问：有没有想过将来生病了怎么办？考虑过怎么养老的问题吗？有没有过担心？

针对这一问题，受访者的回答体现出了中老年人关于养老问题的三种不同的思考方向。第一种，受访对象表现出对养老问题的担忧，这些中老年人的特点是认为子女，尤其是独生子女，在今后很可能无法给予自己全面的照顾，因为子女生活和工作的压力也非常大，有心无力，自己也理解。这些老年人希望自己身体健康，不要给子女添麻烦，对于未来的养老充满担忧。

答1：我们这一代人，以后就和自己生活了，特别孤独，子女指望不上，真是有个病、有个灾的时候，你好好地想，（那时）啥要求没有。

（哈尔滨Y小区第二场）

答2：爹妈住院了，或者是卧床不起了，现在子女就一个，可能有俩，你叫他伺候，他工作没了，人家吃不吃饭了？要是在企业呢？你今天不来行，明天不来行，时间再长了不行，不能总空着。

（哈尔滨Y小区第二场）

答3：他们（孩子）两头难，这边照顾老人照顾不了，那边扔下工作，工作没了，这茬人压力非常大。

（哈尔滨Y小区第二场）

答4：实际死亡也是必然过程，不怕死，怕遭罪，怕拖累子女，这是我们的共性。

（哈尔滨G大学）

答5：你老了不能动了以后，在床上躺着，到时候子女有工作，都不能来照顾的，这个担心肯定是有的。这个养老谁会管，不可能一直靠子女，但是进养老院要收钱，费用肯定还是很高的。

（太仓X社区）

答6：真正自己不能动是在85岁以上，走路这个样子的，叫谁来帮你呢？子女会在你身边吗？我就是这样想的，我就是担心这个，这个问题不能解决的。

（上海公益新天地第二场）

第二类受访对象对养老持乐观态度，相信子女或机构会给予妥善照顾，而且这种想法多是基于一种互惠性的人际交往原则。受访对象表示自己帮着子女照看孙辈，子女们应该会感激，会日后回报自己。即使子女上班，也可以请护工。还有受访对象表示自己现在到养老机构做志愿者照顾没有自理能力的老人，日后自己也会得到回馈，在养老机构受到照顾。

答7：不担心，有保险，买的以后的保险。现在是看病花费多少钱，都有医保什么的。反正到时候他们有空了，如果我们到那个时候，他们还没有退休，他们自己会想办法照顾，这个问题不担心。现在我又帮他们带小孩，他们也看在眼里。

（太仓Y社区）

答8：他们也会照顾我们的，他们会想方法，能请假请假，不能请假他们肯定会找护工的，这一点我放心。

（太仓Y社区）

答9：我们每个人都要老，到了一定年龄生活的自理能力已经差不多逐渐丧失，那么你还是要麻烦其他人。到那个时候你一定要住在福利院，我就想趁我现在还有精力和时间，我能为社会上那些老人做一些力所能及的事，就等于我现在把这个事做好，我以后到了福利院，人家也要来照顾我，我就想把为老服务的事能够尽我自己的能力多做一些，多做几年，我感觉这也是我生活的乐事。

（太仓老年大学）

第三类受访对象开始考虑抱团养老、旅居养老这些新的养老方式。一些受访对象表示理想的养老方式是几个志同道合的朋友能住在一起互相为伴、相互照顾。机构养老也是很多受访对象提到的一种可接受的养老方式，只是对于养老机构的高额费用颇有意见。

答10：那时候孩子都长大了，我们就可以聚在一起，这个月就到你家去，过了两个月就到他家去，大家一起玩玩……今后在能动的情况下，脑子也没有痴呆的情况下，我们群友就大家凑在一起养老，万一不行的话，要到社区里面去，所以我们现在都是和社区挂好钩了，社区有时候搞什么活动，也都会叫我们去参加。

（上海公益新天地第一场）

答11：我选旅居式养老方式。我利用我的资源，我的人脉，因为我在网上有不少人脉，全国都有我的网友、笔友，所以他们会邀请我去。

（上海公益新天地第一场）

答12：我觉得能够有几个朋友一起养老是很好的，很理想的。

答13：抱团养老。

（上海公益新天地第二场）

答14：我们有一个邻里会，七八个老人，楼上楼下大家有空的一起聚在哪一家人家，聊聊天。你说到敬老院去，我觉得贵了一点，真的，因为我们的退休工资少。所以我觉得还是这种方法比较好，像我们居家养老一样，就是搞一个小团，一幢房子的老人，一个小团体一样，没事大家就过来，有什么事互相帮着干干，买买菜，或谈谈心什么的，我觉得都挺好的。

（上海公益新天地第二场）

答15：理想的状态应该要到养老院去。但是我现在已经在郊区买了房子，将来最好是有几个人，就像现在自己的朋友住在一起是最好的。现在有了微信以后就是一个大家，比如我可以跟他聊聊家里。现在这个年纪无所谓的，但是你说真的老了你靠孩子是不可能的，我是到养老院去，也可能是居家养老，现在居家养老很方便的。

（上海公益新天地第三场）

答16：我自己觉得，老了也不能脱离社会，人一脱离社会很孤单的。过去养儿防老，现在我们这种概念都没有了，没有这种观念了，子女都很忙。

（上海公益新天地第三场）

从上述分析中看出来，无论中老年人对养老持有怎样的态度，是担忧、是乐观抑或是前卫，都有一个共同点，就是"养儿防老"观念的淡化。淡化的原因部分是对于子女生活压力的理解，是一种无奈，也是一种对于社会变迁的顺应。还有部分原因与中老年人自主意识增强有关，希冀减少子女的麻烦，更多依靠自己的力量解决问题。

四　信息化需要增多

如何满足中老年人这些新的需要？在访谈中我们发现，互联网是满足中老年人美好生活需要的一个重要媒介。调研中的老年人都认为"老年人太需要互联网了"。我们分别从互联网的影响、互联网依赖和互联网学习需要三个方面，询问了受访对象如何看待互联网对其心态的影响，生活中能否离开互联网，是否有必要进一步学习互联网使用这三个问题。在回答中我们发现，互联网对中老年人而言，不仅仅是工具，还是一种情感慰藉和增强自信的途径。互联网让他们的心态更积极、更年轻，跟上了时代的步伐，让其效能感和自信心都得到提升，为其赢得了子女的尊重，满足了自尊需要。

问1：您觉得上网之后，自己心态有什么变化吗？

答1：变积极了，年轻了。要是都在一块唠嗑的时候，可能有些话不敢说，在网上可以说，往往可以开玩笑，网上欢乐的表情咔咔的，心里高兴。

（哈尔滨F小区第二场）

答2：不上网，以前感觉有时候挺木讷的，人家坐下唠，你坐在旁边听不懂，现在咱们也能掺和一句两句，这样有一种归属感，要不然慢慢地你自己就脱节了。

（哈尔滨F小区第二场）

答3：像国家大事，咱们都知道了。不用别人告诉，第一时间信息就过来了。

答4：我看我的报纸订的意义也不算大了。

（哈尔滨F小区第一场）

答5：心态年轻了，而且跟外界的联系都多了。

（太仓Q社区）

答6：和社会不脱节了，要不退休了就没联系了。

（哈尔滨F小区第一场）

答7：跟上时代的步伐。

（太仓老年大学）

答8：吸收新鲜的事物比较多，新闻、娱乐样样都有，我这里面都装得满满的，我专门的对口的医院/旅行社，我都有。有什么他们都会通知我，有特价，都会通知我。

（上海公益新天地第一场）

答9：像我们这里边的人（担当互联网普及志愿者的人），基本上每个人都是很自豪的，因为别人问我们，我们都会解答，就是这种感觉。

答10：感觉像专家级别。

答11：谈不上专家，反正不落后。

（上海公益新天地第二场）

答12：比如（孩子）在外地上班什么的，人家说你在跟谁聊天？说跟我妈，人家会说你妈会电脑？人家很多地方不会电脑的，那是零几年的时候。

（上海公益新天地第二场）

答13：有一次我去买东西，用支付宝付钱。那个店员就说，叔叔，您都能用支付宝付钱啊，蛮潮的啊。我当时心里就想，我就不能用了吗？我年纪很大了吗？我们就不能用了吗？我会反问。

（上海公益新天地第二场）

答14：像现在的小孩就会说，老妈，行了嘛，这你都会啊，都不用担心了。他们会的东西我们也会。

（上海公益新天地第二场）

被访者的这些回答，为我们勾勒出一幅与以往印象不同的中老年人使用互联网的画面，他们虽然是互联网使用者中的少数群体，但他们中也有不少人可以玩转网络，享受互联网带来的红利。几乎所有受访对象都认为使用互联网之后，心态变得年轻了。一方面，互联网让他们与外界沟通交流、获取资讯信息更加便捷，让他们感觉自己是社会网络中的一员，跟上了时代的脚步；另一方面，互联网增强了中老年人的自信心，没有因为退休、年龄增大等因素而不能拥抱新鲜事物和信息化生活，他们中有些人和自己的子女一样，可以利用互联网享受生活便利、增添生活乐趣，会使用各种互联网应用，比如移动支付、打车软件、挂号软件、制作表情包的程序等。这让他们感觉自己在子女、在年轻人面前也毫不逊色，充满自豪。

问2：您有没有觉得生活中离不开网络了？

答1：反正现在没有网是很难受的，一天不上网就难受。

（哈尔滨F小区第二场）

答2：现在已经离不开了，而且越来越多的人离不开了，太方便了。

（哈尔滨工程大学）

答3：离了手机不能生活。

（上海公益新天地第二场）

答4：有点儿。昨天还在说呢，现在电视都不怎么看了，开电视也不看，也老瞅这个。他（老伴）说我，怎么着，没有这个你还闷得慌了呢？

（北京大兴区 Z 村第二场）

答5：有，不能离开这个感觉，这个手机不在身边，你就觉得别扭。

（太仓 Q 社区）

答6：就是不方便，就好像一个活死人。

（太仓 X 社区）

答7：是的，这个手机好像离不开身，因为我在上海装修房子装修回来忘那了，忘了明天怎么办，我晚上又去，特意去拿回来。手机真的离不开了，每天都会有一点事的。

（太仓 X 社区）

答8：我们现在这些人离开网络就过不了日子了，我们都带着Wi-Fi，都带着小的盒子，都带着。

（上海公益新天地第一场）

答9：今天家里没有网，都急得要死了，会打电话过去催，你的网络怎么回事？

（上海公益新天地第二场）

答10：现在到了什么程度，在座的老年人都离不开手机，现在可以少吃一顿饭，但是网线不能断，断的话就完了。

（上海公益新天地第三场）

答11：过去这个手机无所谓的，放在家里就放在家里，现在这个手机是我的命了，没有的话出去就没方向了，什么都不能联系了。

（上海公益新天地第三场）

答12：我老婆最不喜欢手机了，现在也开始喜欢手机了，我还给她买了一个64G的，她很高兴，她现在玩起来舒服了。原来的手机32G的太慢了，速度慢，现在这个快。

（上海公益新天地第三场）

答13：怎么说呢！也产生了一个问题，现在好像感觉离不开这个手机了，其实这很不好的，尤其对我们老年人来讲，一方面颈椎要犯病，再就是眼睛。所以我有的时候要戒掉，戒不掉的。出去的话别的事情都可以忘记，手机千万不能忘，我可以身边不带一分钱，但我这个手机要带出去。

（上海公益新天地第二场）

答14：我觉得它太方便了。前些日子，大学生离校期间，我下班路过，学生处理他带不走的东西，我就看了油画挺新的，我问他这幅画多少钱，他说10块钱。我觉得这在网上买得20多块，挺新的，我想买一个，但是我说我没带钱，行不行？他说没带钱，有微信吗？我说有微信，然后就用微信支付，解决了。要是没有互联网，我就解决不了这个问题，就得找个熟人借钱，所以这就是方便的地方。

（哈尔滨工程大学）

答15：不带一分钱的话我到店里可以用微信支付、支付宝支付，都可以的，但如果出去，我手机没了，今天总感觉无所事事。

（上海公益新天地第二场）

答16：我觉得方便，买东西也是。

（太仓X社区）

答17：我现在就是一个手机跑遍全世界。

（上海公益新天地第二场）

受访者的回答让我们看到，中老年人对手机和互联网的依赖程度越来越高，有的中老年人可能只会使用一些聊天功能与人交流，有的中老年人使用的功能与年轻人不相上下，但无论是哪一种，都表示感觉生活离不开网络了，出门不带手机会感觉不习惯，因此有人会特意折返回家取手机，会感觉没了手机像"活死人"。虽然一些中老年人表示不能看手机太长时间，对身体不好，但也都说戒不掉手机，还是得带在身上。这表明，互联网已成为这些中老年人生活中的一部分，互联网不仅让他们感受到便利，还为他们联通了社交网络，联通了社会，打开了一扇新的大门。

问3：大家有没有觉得还需要去学习一些新的互联网的功能和软件？

答1：需要学习，好多不懂的东西呢。

（北京大兴区Z村第一场）

答2：学点儿合适，多学点儿。

（北京大兴区Z村第一场）

答3：觉得自己书念得太少了。我原来就是怕我儿子瞧不起我，我退休之后就学了，手机也是人家有了我也要学，要不然什么也不会。要跟上时代的步伐。

（太仓老年大学）

答4：实际上微信，老年人都想学，他们都羡慕，想学，好像是很深奥的，但是我觉得真正要想学的话，也并不是什么太难的事情，只要不怕学不会就可以了，怕买了一个智能手机不会使用，像我们老年人还是可以用一下的。

（太仓Q社区）

答5：想是想，都很想的，现在人家说60岁学吹笛子气都断了，现在学了以后，一会又忘记了，刚刚教你的，像我女儿就这样说，刚刚教你你又忘了。怕学不会。

（太仓X社区）

答6：我现在最有体会的应该是这个事，去年有个老师，以前香港的女儿打电话，她总是要少讲两句，因为要钱。现在我教她微信了，不要钱了。这天教好，第二天就回家跟女儿对话了。女儿一看妈妈来微信了，就说你怎么会微信了？她就说现在我们社区有人在教。她特意为这个问题，就比人家晚走，因为这个东西要用的，要多学。回家以后女儿会把家里香港的照片发给她。现在她会拿起电话给她女儿的小孩（小孩都会叫外婆了）视频了。以前是不可能的。所以第二次来上课她就很激动，她说我今天开心死了，我今天终于看到我外孙女的脸了。我以前都是看照片，看家里谁发过去的照片。现在自己把手机拿出来直接可以看。那样她的孤独感很快就可以消除了。还有，她说儿子来电话了，说电脑忘记关了，帮我把电脑关一下，但她不会的。上了几节课以后，手机会了，电脑还不太会，但是概念还是知道一点的。通过她儿子电话里这样教她，她直接就能够把电脑关掉了。昨天她自己还在说，以前这种东西我从来不敢碰的。我还说他们（子女）呢，你们为什么不早点教我，不然我早就帮你关掉了。所以我们上课要培养兴趣。

（上海公益新天地第三场）

从上述回答中，我们可以看到，受访对象都表示中老年人希望学习更多的互联网功能，希望拥抱信息化社会。有的老人是主动学习，为的是更好地融入信息化社会，或是不想让儿女看不起，希望自己能跟上时代步伐；有的老人是在被动学习之后，感受到了好处，开始更加主动地学习。整体上，中老年人学习互联网使用的需要是非常强烈的，不过有些人担心自己学不好；有些人没有适合的人教，子女教的时候可能不够耐心，自己有的时候会问问小区的年轻人或是周围的朋友。通过最后一个案例,我们可以看到,当没有使用过互联网的中老年人有机会学习的时候,不仅情感得到满足,信心也会不断增强,就如同进入了一个新世界,会更加积极主动地去学习新鲜事物。就像有的受访者所说的,整个人状态都不一样了。可见,对于中老年人的互联网普及,对于促进积极的社会心态和提升其生活质量都有重要的意义。中老年人的信息化需要的满足,也对他们其他美好生活需要的满足有所助益。

五 互联网与中老年人美好生活需要变化的关联分析

为了进一步检验老年人的这些美好生活需要与社会信息化步伐加快的关系,对2017年调查数据做了进一步分析。

(一)互联网融入程度和品质化生活追求

首先计算中老年人的互联网融入程度,参考第四章中对于中老年人日常上网时会用到的一些功能的测量,包括知识获取、沟通交流、生活应用以及娱乐休闲等方面(见表4-7)。对于每项功能,会使用计为1分,不会使用计为0分,共23个题目,最高23分,最低0分。调查对象互联网融入程度如图5-1所示。将互联网融入程度划分为高、中、低三个级别,6分及以下为低度融入,7~13分为中度融入,14分及以上为高度融入。不同程度的调查对象的人数分布如表5-1所示。

接下来比较互联网融入程度不同的中老年人,对于品质化、丰富化生活的追求的差异。询问调查对象对于理想晚年生活来说,实现兴趣爱好、老有所为、获得年轻人尊重等方面的重要程度,比较互联网

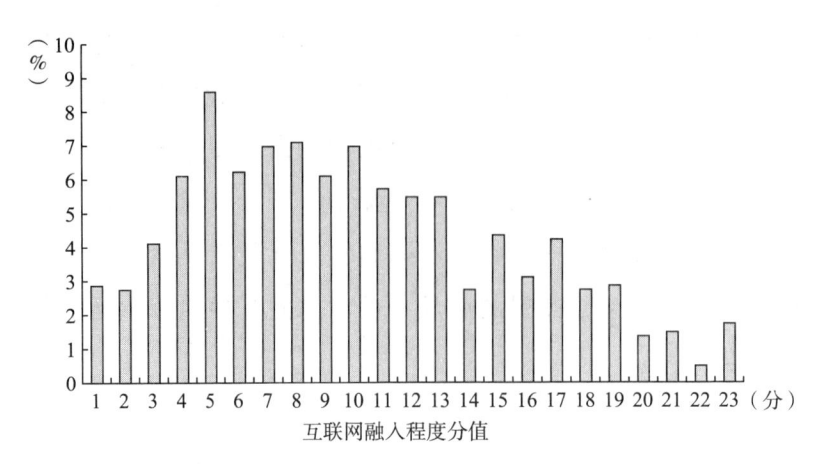

图 5-1　2017 年调查互联网融入程度分布（$N=800$）

表 5-1　互联网融入程度划分（$N=800$）

融入程度	人数（人）	占比（%）
低度融入	246	30.8
中度融入	352	44.0
高度融入	202	25.3

融入程度不同的调查对象对这些方面的重视差异。同时，还询问了调查对象对于相关方面需要改善的评价，了解其在某些方面的需要，再比较互联网融入程度不同的调查对象在这些方面改善需要的差异。结果发现（见表 5-2 至表 5-6），互联网融入程度高的调查对象，看重在晚年实现兴趣爱好的比例达到 90.1%，比互联网融入程度低的调查对象（74.8%）高出 15.3 个百分点。类似的，互联网融入程度高的调查对象看重晚年老有所为的比例（88.6%）要比融入程度低的调查对象（70.7%）高出 17.9 个百分点；互联网融入程度高的调查对象看重晚年获得年轻人尊重的比例（88.6%）要比融入程度低的调查对象（63.9%）高出 24.7 个百分点。在需要评估方面，互联网融入程度高的调查对象认为自己在实现兴趣爱好方面还有改善需要的比例

(74.7%)要比融入程度低的调查对象(57.7%)高出17.0个百分点;互联网融入程度高的调查对象认为自己在老有所为方面还需要进一步加强的比例(65.3%)要比融入程度低的调查对象(52.9%)高出12.4个百分点。这些结果表明,互联网融入程度越高的中老年人,对晚年生活的品质化越重视,越重视实现个人兴趣爱好、老有所为、获得年轻人尊重;同时,他们对品质化的需求也越强烈,希望在实现兴趣爱好和老有所为方面能更进一步。

表5-2 互联网融入程度不同的调查对象对于实现兴趣爱好的重视程度

	实现兴趣爱好重要程度	人数(人)	占比(%)
低度融入	完全不重要	7	2.8
	不太重要	55	22.4
	比较重要	144	58.5
	非常重要	40	16.3
中度融入	完全不重要	3	0.9
	不太重要	49	13.9
	比较重要	208	59.1
	非常重要	92	26.1
高度融入	完全不重要	0	0
	不太重要	20	9.9
	比较重要	121	59.9
	非常重要	61	30.2

表5-3 互联网融入程度不同的调查对象对于老有所为的重视程度

	老有所为、发挥余热重要程度	人数(人)	占比(%)
低度融入	完全不重要	8	3.3
	不太重要	64	26.0
	比较重要	136	55.3
	非常重要	38	15.4

续表

	老有所为、发挥余热重要程度	人数（人）	占比（%）
中度融入	完全不重要	7	2.0
	不太重要	60	17.0
	比较重要	203	57.7
	非常重要	82	23.3
高度融入	完全不重要	3	1.5
	不太重要	20	9.9
	比较重要	127	62.9
	非常重要	52	25.7

表5-4 互联网融入程度不同的调查对象对于获得年轻人尊重的重视程度

	让年轻人尊重、佩服重要程度	人数（人）	占比（%）
低度融入	完全不重要	13	5.3
	不太重要	76	30.9
	比较重要	118	48.0
	非常重要	39	15.9
中度融入	完全不重要	7	2.0
	不太重要	58	16.5
	比较重要	195	55.4
	非常重要	92	26.1
高度融入	完全不重要	2	1.0
	不太重要	21	10.4
	比较重要	113	55.9
	非常重要	66	32.7

表5-5 互联网融入程度不同的调查对象对于实现兴趣爱好需要改善的评估

	实现兴趣爱好改善需要	人数（人）	占比（%）
低度融入	完全不需要改善	7	2.8
	不太需要改善	97	39.4

续表

	实现兴趣爱好改善需要	人数（人）	占比（%）
	比较需要改善	120	48.8
	非常需要改善	22	8.9
中度融入	完全不需要改善	20	5.7
	不太需要改善	100	28.4
	比较需要改善	186	52.8
	非常需要改善	46	13.1
高度融入	完全不需要改善	10	5.0
	不太需要改善	41	20.3
	比较需要改善	115	56.9
	非常需要改善	36	17.8

表5-6 互联网融入程度不同的调查对象对于老有所为需要改善的评估

	老有所为改善需要	人数（人）	占比（%）
低度融入	完全不需要改善	14	5.7
	不太需要改善	102	41.5
	比较需要改善	101	41.1
	非常需要改善	29	11.8
中度融入	完全不需要改善	25	7.1
	不太需要改善	106	30.1
	比较需要改善	175	49.7
	非常需要改善	46	13.1
高度融入	完全不需要改善	9	4.5
	不太需要改善	61	30.2
	比较需要改善	99	49.0
	非常需要改善	33	16.3

（二）互联网融入程度和自主需要

比较互联网融入程度不同的中老年人，对于天伦之乐和独立自主重要性的理解差异以及他们在养老方式选择上的差异。分别询问调查对象对于理想晚年生活来说，子女陪伴或儿孙环绕以及独立、自主的重要程度，比较互联网融入程度不同的调查对象对这些方面的重视差异。同时，还询问了调查对象相关方面需要改善的程度，比较互联网融入程度不同的调查对象在这些方面改善需要的差异。结果显示（见表5-7至表5-10），互联网融入程度高的调查对象看重晚年有子女陪伴或儿孙环绕的比例（89.6%）要比融入程度低的调查对象（95.1%）低5.5个百分点；但互联网融入程度高的调查对象看重晚年独立、自主的比例（91.1%）要比融入程度低的调查对象（74.0%）高出17.1个百分点。在需要评估方面，互联网融入程度高的调查对象认为自己在子女陪伴方面还有改善需要的比例（57.9%）要比融入程度低的调查对象（64.7%）低6.8个百分点；互联网融入程度高的调查对象认为自己在独立、自主方面还需要进一步加强的比例（64.8%）要比融入程度低的调查对象（48.0%）高出16.8个百分点。从中可以看出，中老年人普遍重视天伦之乐，但互联网融入程度低的中老年人，要比互联网融入程度高的中老年人更为看重，在这方面的需求也更强；互联网融入程度高的中老年人要比融入程度低的中老年人更看重独立、自主，对独立、自主的重视程度甚至超过了享受天伦之乐，也更希望在这方面得到改善。

表5-7 互联网融入程度不同的调查对象对于子女陪伴或儿孙环绕的重视程度

	子女陪伴或儿孙环绕重要程度	人数（人）	占比（%）
低度融入	完全不重要	5	2.0
	不太重要	7	2.8
	比较重要	104	42.3
	非常重要	130	52.8
中度融入	完全不重要	2	0.6

续表

	子女陪伴或儿孙环绕重要程度	人数（人）	占比（%）
	不太重要	33	9.4
	比较重要	151	42.9
	非常重要	166	47.2
高度融入	完全不重要	3	1.5
	不太重要	18	8.9
	比较重要	91	45.0
	非常重要	90	44.6

表5-8 互联网融入程度不同的调查对象对于独立、自主的重视程度

	独立、自主重要程度	人数（人）	占比（%）
低度融入	完全不重要	6	2.4
	不太重要	58	23.6
	比较重要	136	55.3
	非常重要	46	18.7
中度融入	完全不重要	4	1.1
	不太重要	41	11.6
	比较重要	204	58.0
	非常重要	103	29.3
高度融入	完全不重要	2	1.0
	不太重要	16	7.9
	比较重要	120	59.4
	非常重要	64	31.7

表5-9 互联网融入程度不同的调查对象对于子女陪伴需要改善的评估

	子女陪伴或儿孙环绕改善需要	人数（人）	占比（%）
低度融入	完全不需要改善	2	0.8
	不太需要改善	85	34.6
	比较需要改善	104	42.3
	非常需要改善	55	22.4

续表

	子女陪伴或儿孙环绕改善需要	人数（人）	占比（%）
中度融入	完全不需要改善	20	5.7
	不太需要改善	118	33.5
	比较需要改善	155	44.0
	非常需要改善	59	16.8
高度融入	完全不需要改善	13	6.4
	不太需要改善	72	35.6
	比较需要改善	75	37.1
	非常需要改善	42	20.8

表5-10 互联网融入程度不同的调查对象对于独立、自主需要改善的评估

	独立、自主改善需要	人数（人）	占比（%）
低度融入	完全不需要改善	8	3.3
	不太需要改善	120	48.8
	比较需要改善	94	38.2
	非常需要改善	24	9.8
中度融入	完全不需要改善	24	6.8
	不太需要改善	121	34.4
	比较需要改善	163	46.3
	非常需要改善	44	12.5
高度融入	完全不需要改善	11	5.4
	不太需要改善	60	29.7
	比较需要改善	95	47.0
	非常需要改善	36	17.8

（三）互联网融入程度和生活满意度与养老观念

本研究还分析了互联网融入程度不同的中老年人在养老方式选择和生活满意度上的差异。结果显示（见表5-11和表5-12），在养

老方式选择上,互联网融入程度高的调查对象选择居家子女养老的比例(45.5%)要比融入程度低的调查对象(63.4%)低17.9个百分点;而他们选择居家和朋友们抱团养老的比例(19.8%)则要比融入程度低的调查对象(11.4%)高出8.4个百分点;选择社区养老的比例(11.9%)比融入程度低的调查对象(9.8%)高出2.1个百分点;选择养老院等机构养老的比例(15.8%)比融入程度低的调查对象(13.4%)高出2.4个百分点;选择旅居养老的比例(6.9%)比融入程度低的调查对象(2.0%)高出4.9个百分点。可以看出,互联网融入程度越高的调查对象,越少依赖于居家子女养老的传统方式,而是更多寻求新的养老方式,居家和朋友们抱团养老的观念比较受欢迎,其次就是养老院等机构养老和社区养老方式。

表5-11 互联网融入程度不同的调查对象养老方式的选择

	理想的养老方式	人数(人)	占比(%)
低度融入	居家子女养老	156	63.4
	居家和朋友们抱团养老	28	11.4
	社区养老	24	9.8
	养老院等机构养老	33	13.4
	旅居养老	5	2.0
中度融入	居家子女养老	191	54.3
	居家和朋友们抱团养老	62	17.6
	社区养老	34	9.7
	养老院等机构养老	44	12.5
	旅居养老	21	6.0
高度融入	居家子女养老	92	45.5
	居家和朋友们抱团养老	40	19.8
	社区养老	24	11.9
	养老院等机构养老	32	15.8
	旅居养老	14	6.9

在生活满意度方面，随着互联网融入程度的提高，调查对象对生活的满意度也提高了，互联网融入程度低的调查对象对生活满意的人数比例为87.8%，中度融入的调查对象92.1%的人满意，高度融入的调查对象94.1%的人满意。

表 5-12 互联网融入程度不同的调查对象的生活满意度

	生活满意度	人数（人）	占比（%）
低度融入	非常不满意	2	0.8
	不太满意	28	11.4
	比较满意	188	76.4
	非常满意	28	11.4
中度融入	非常不满意	1	0.3
	不太满意	27	7.7
	比较满意	286	81.3
	非常满意	38	10.8
高度融入	非常不满意	2	1.0
	不太满意	10	5.0
	比较满意	144	71.3
	非常满意	46	22.8

（四）互联网融入程度和信息化需要

对于互联网融入程度不同的中老年人来说，对信息化的需要是否有所差异，本研究对此进行了分析。分别询问调查对象对于理想晚年生活来说，跟上网络时代步伐、不落伍，会充分利用网络和智能手机的重要程度。同时，还询问了调查对象在充分利用网络和智能手机方面需要改善的程度，比较互联网融入程度不同的调查对象的差异。结果显示（见表5-13至表5-15），互联网融入程度高的调查对象跟上网络时代步伐、不落伍的比例（85.2%）要比融入程度低的调查对象（53.7%）高出31.5个百分点；晚年生活看重会充分利用网络和智能手机的人数比例（82.2%）要比融入程度低的调查对象（42.3%）高出39.9个百分点，并且，互联网融入程度高的调查对象认为自己在充分使用网络方面还需改进的比例（66.8%）要比融入程度低的调查对象（38.2%）高28.6个百分点。由此看出，中老年互联网融入程度越高，越能熟练使用互联网，越是认为对于晚年生活来说，跟上网络时代步伐、不落伍和会充分利用网络和智能手机非常重要，并且希望自己能更充分地使用网络。而当中老年人接触网络较少，融入程度较低的时候，不仅较少重视跟上网络时代步伐和充分利用网络，并且在相关方面改进的欲望也较低，信息化需求较少。

表5-13 互联网融入程度不同的调查对象对于跟上时代的重视程度

	跟上网络时代步伐、不落伍重要程度	人数（人）	占比（%）
低度融入	完全不重要	12	4.9
	不太重要	102	41.5
	比较重要	102	41.5
	非常重要	30	12.2
中度融入	完全不重要	13	3.7
	不太重要	91	25.9
	比较重要	192	54.5
	非常重要	56	15.9
高度融入	完全不重要	2	1.0
	不太重要	28	13.9
	比较重要	126	62.4
	非常重要	46	22.8

表 5-14　互联网融入程度不同的调查对象对于充分利用网络的重视程度

	会充分利用网络和智能手机等新科技重要程度	人数（人）	占比（%）
低度融入	完全不重要	15	6.1
	不太重要	127	51.6
	比较重要	76	30.9
	非常重要	28	11.4
中度融入	完全不重要	11	3.1
	不太重要	116	33.0
	比较重要	178	50.6
	非常重要	47	13.4
高度融入	完全不重要	3	1.5
	不太重要	33	16.3
	比较重要	130	64.4
	非常重要	36	17.8

表 5-15　互联网融入程度不同的调查对象对于网络使用改善的评估

	充分利用网络和智能手机改善需要	人数（人）	占比（%）
低度融入	完全不需要改善	19	7.7
	不太需要改善	133	54.1
	比较需要改善	72	29.3
	非常需要改善	22	8.9
中度融入	完全不需要改善	29	8.2
	不太需要改善	140	39.8
	比较需要改善	148	42.0
	非常需要改善	35	9.9
高度融入	完全不需要改善	10	5.0
	不太需要改善	57	28.2
	比较需要改善	103	51.0
	非常需要改善	32	15.8

（五）推动互联网融入有助于中老年人形成积极社会心态

上述研究结果一致表明，信息化在一定程度上催生了中老年人美好生活需要的变化，接触、融入信息化社会越多的中老年人，越可能追求品质化生活，强调个人自我价值的实现；在天伦之乐之外，更多追求独立、自主的生活状态；更可能淡化"养儿防老"的养老观念，更容易接受抱团养老、机构养老等新的养老形式；对互联网的需要程度更强，追求紧跟时代步伐、不落伍。相反，接触信息化较少的中老年人，更可能秉持传统养老观念，也较少有动力去深度接触互联网。

事实上，在我们的焦点组访谈过程中，互联网对于中老年人心态的影响显得尤为明显。在太仓Y社区的访谈中，受访对象年龄普遍偏低，在50岁到66岁之间，互联网使用程度一般，他们对自己的评价多是自己落伍了、跟不上时代。很突出的是其中一位50岁的受访对象，打扮时尚，却多次提到类似"我们这一代不像他们年纪轻的"，"我们这一代太落后了"的话语。而一位58岁的受访对象，外表看着非常年轻，却也反复在言谈中表示他们落伍了，笑着说"我们这个年纪的都是文盲"。与之相对应的，在上海公益新天地第二场访谈中，受访对象年龄普遍偏高，在65岁到70岁之间，他们的互联网融入状况比较好，信息化程度比较高，他们在言语之间，还都认为自己并不算老。多次提出"像他们那些老年人，需要我们去教"，"我们还好，那些老年人可能不容易接受"之类的话语，将自己和所谓的"老年人"区隔开来，认为自己这个年纪还不老。言谈之中，这些受访对象不仅充满活力，而且信心十足，觉得自己完全没有落后于时代。在这里，生理上的年龄与心态之间的关联并不明显，反而是信息化程度影响了心态的表现。因此，本书的观点是，要想满足中老年人在信息化时代的新的美好生活需要，塑造积极的社会心态，推动中老年人的互联网融入无疑是有效途径之一。

结合前述焦点组访谈和数据分析的结果,我们认为互联网至少在以下三方面影响着中老年人的生活。

(1)互联网扩展了中老年人的社交圈。移动互联网和微信等即时通信工具的普及,拓展了中老年人的社交广度和深度,甚至转变了社交方式。中老年人通过微信群和朋友圈,一方面,维持并加深了原有的人际关系,如增强了与子女、亲戚、同学、同事和战友之间的联络;另一方面,中老年人还通过互联网发展了新的人际关系,通过加入各种兴趣爱好相关的微信群,结识了一批志同道合的朋友,社会活动参与的频率也由此增加。如前所述,在微信群和朋友圈的清晨问候,在不同的社交群组转发内容不同的文章,都成了中老年人一种独特的社交方式,以此表达情感、彰显自我、维持互动。互联网让中老年人的人际网络得以扩张,有了更多的情感交流渠道。

(2)互联网扩展了中老年人的活动圈。社交圈的拓展伴随着社交活动和社会参与的增多,将中老年人的活动区域从社区范围扩展至城市甚至国家范围。互联网的便捷让越来越多的中老年人不再惧怕"出远门",网上订票、订宾馆,手机导航就能方便出行,探亲、访友、旅行都不再烦琐;也让越来越多的年轻人不再厌烦帮父母安排出游,在网上很快就能帮父母订好出行所需。无论是国内出行还是出境、出国,很多中老年人的活动区域早已超出了一方土地,这不仅让中老年人视野开阔、心情愉悦,也让他们更加自主、对家庭的依赖减少。

(3)互联网扩展了中老年人的生活圈。移动互联网为中老年人全方位享受便捷的生活提供了机会,中老年人成为拥有巨大消费潜力的群体。互联网让购物、投资理财、生活缴费、外出消费、挂号都变得快捷,不仅减少了中老年人排队、拎东西、找零钱的麻烦,也节约了大量的时间,让中老年人可以更多地参与自己喜欢的活动,消费和投资理财的意愿也会增强。根据2017年发布的《老年网络消费发展报告》，在某购物平台上，老年网民群体消费增长迅速，同比提高78%，并且，老年商品的销售额也增长近61%，购买者同比增长64.8%。除了便利之外，互联网还让中老年人生活更加丰富。有的中老年人制作手机相册、表情包来增加生活乐趣；有的中老年人通过移动音频收听时事新闻、书籍，与时俱进。如前述调查所示，很多中老年人普遍感觉自己使用互联网之后，心态更年轻了，离不开网络了。

六 中老年人互联网融入的障碍

根据行动愿景的分析框架，社会需要、行动愿景和信息能力三个重要维度中，本章重点分析了中老年人在信息化时代下的社会需要。结果表明，信息化催生了中老年人新的美好生活需要，推动中老年人的互联网融入有助于塑造中老年人积极的社会心态，那么妨碍中老年人融入互联网的因素有哪些呢？对此，我们根据焦点组访谈的结果和2017年的调查数据进行了分析。

在2017年的调查中，询问了调查对象哪些因素影响到他们对于手机和互联网的使用。结果如5-16所示，排名第一位的是由于技术性的原因，手机操作复杂限制了调查对象对于手机和互联网的使用，焦点组访谈中，有受访对象表示手机或是应用软件的一些图标，如设置标志，自己总是弄不懂；还有受访者表示在学习使用互联网过程中，有的时候会弄出来一些功能，但以后又找不到了，觉得有点儿复杂。排名第二位的是身体方面原因（视力等），在焦点组访谈中，也有老人多次提及视力不行，总看着手机眼睛会疼。排名第三位和第四位的是缺乏耐心和缺乏兴趣，如焦点组访谈的过程中，有受访对象表示感兴趣就会去学,不感兴趣的就不想学。排名第五位的是没有时间,如访谈中一些受访对象表示,因为要帮助子女做家务和照看孩子,每天上网的时间并不多。在此之后,生活中并不需要和缺少学习机会也是影响因素,访谈中一些受访对象表示自己缴纳生活费用、买东西、看病都很方便,不太需要学会互联网应用。不少受访对象表示想学习更多的互联网使用,但没有地方学或子女不支持。比如:

> 我那天用了手机支付,买了瓶汽水,我翻钱要给他10块钱,他说你手机里有钱吗?我说有啊,我说我不会,他教我了。(用微信零钱)付过一次,一块五毛钱。那天是让我发红包,要我密码,不给密码就发不出去,我就把密码按了,按完"唰"就出去了,我的天哪,我的心跳得怦怦的。因为我的银行卡绑在手机上了(之前银行工作人员帮助绑定),我这心跳怦怦的,赶紧给我儿子打电话,我儿子说你就乱用吧,到时候你就该吃亏了。他一吓唬我,我一下午没得安心。后来担心了很久,发现银行卡没有任何问题才放下心来。
>
> (哈尔滨Y小区第一场)
>
> 我想下载一个滴滴软件,出行方便,看到别人用,很羡慕。但我儿子说不给我绑那些东西,我说你赶紧给我绑个滴滴,他不给我绑,怕我点错地方。
>
> (哈尔滨Y小区第二场)

上述两个案例中,中老年人有机会接触更多互联网功能或是想要接触更多功能的时候,子女都因为担心其操作失误而加以反对,并没有帮助父母更好、更安全地使用一些便捷功能。

总的来看,传统的文化程度、经济条件(上网费和买好的智能手机）变量对中老年人互联网使用的影响比较小。互联网接入设备的易操作性、中老年人自身的兴趣和需求、方便的学习途径是影响中老年人互联网使用的主要因素。

表 5-16 影响手机和互联网使用的因素（$N=800$）

影响手机和互联网使用的因素	人数（人）	占比（%）
手机操作复杂	284	35.5
身体方面原因（视力等）	269	33.6
缺乏耐心	201	25.1
缺乏兴趣	199	24.9
没有时间	186	23.3
生活中并不需要	172	21.5
缺少学习机会	159	19.9
文化程度	139	17.4
上网费太贵	111	13.9
买不起好的智能手机	16	2.0
其他	14	1.8

注：多选题，故比例相加大于100%。

第六章　中老年网络素养测量与分析：信息能力

本书以行动愿景的分析框架考察中老年人的互联网生活，在这一框架中：首先要从社会需要出发，分析中老年人的需要和互联网融入之间的关系。其次，从网络素养出发，以结合了生活和技术两个维度的信息能力，对老年人的数字技能或者信息素养进行客观的判断和评价。然后，在此基础上，进一步对上网行为进行分析，进而以行动愿景阐释中老年人对使用互联网这一行为所赋予的意义。本章将重点探讨网络素养的构成和测量。本章的分析主要采用2017年的调查数据。

一　网络素养的构成：信息能力和网络安全素养

如第二章理论框架部分所述，在诸多的网络素养调查报告中，不同机构和研究者对于网络素养或者网络媒介素养的定义和操作化存在较大差异。但信息是各类研究中网络素养的核心组成部分。因此，我们在研究中将网络素养界定为对信息的处理、判断和分析能力，并将其概括为六种能力：①信息管理能力；②信息化问题解决能力；③信息通信能力；④信息交易能力；⑤信息安全能力；⑥信息创造能力。

这几种能力可能相互影响和联结，很难严格区分测量，比如信息化问题解决能力可能离不开搜索和保存等信息管理能力，依赖于信息通信、信息交易和信息创造能力；信息安全能力又要涉及信息管理、信息化问题解决和信息通信能力。为了让概念更为清晰，便于理解和测量，我们对这六种能力做了进一步的划分，区分为判断和应用两个方面，将以判断为主的安全能力单独归为安全素养，而这种安全素养里又包括对信息的获得、甄别和保护；将其他侧重于对信息的掌握和应用的能力合并归纳为信息能力。这两部分共同作为网络素养测量的核心。网络素养测量的基本构成和内涵如表6-1所示。

表6-1 网络素养的构成和内涵

构成	维度		内涵
信息能力	信息管理能力		寻找、管理和保存信息内容
	信息化问题解决能力		使用数字或者信息工具增强自己解决问题的信心，以及提高独立解决问题的能力
	信息通信能力		与他人交流、互动、合作、共享和联结
	信息交易能力		购买和出售商品与服务、金融管理、注册和使用数字化的政府服务
	信息创造能力		社区参与和数字内容的创造
安全素养	信息安全能力	信息获得能力	对网络信息的安全性进行判断和处理
		信息甄别能力	
		网络安全意识	
		个人信息保护能力	

二 信息能力的测量与分析

本研究对信息能力进行了具体的操作化，并在调查中进行了测量。首先，在前述中老年人受骗分析部分所涉及的互联网融入，实际上就包含了信息能力的内容，我们提取了有关的题目，作为信息能力中管理能力、通信能力、交易能力和创造能力指标做进一步分析，所有题目均为0、1计分，会某项内容计分为1，否则计分为0。前述网络自我效能符合我们对信息化问题解决能力的理解，因此将其作为信息化问题解决能力维度的测量指标。该部分原计分方式为4点量表计分，"完全不符合"赋值为1，"不太符合"赋值为2，"比较符合"赋值为3，"非常符合"赋值为4。为了便于和其他维度比较，分析时将其设置为二分变量，"完全不符合"和"不太符合"统一为"不符合"，计分为0；"比较符合"和"非常符合"统一为"符合"，计分为1。因每个维度题目数量不同，为了便于维度比较，以每个维度内所有题目均值作为项目得分，得分范围为0~1分。信息能力总分则以全部题目加总后得分来衡量，得分范围为0~16分。

从表6-2所列结果看出，中老年人的信息能力得分平均为7.95分，相较于满分16分，该得分表明中老年人的信息能力处于中等水平。五个维度比较而言，与人交流的信息通信能力较强，信息管理能力和信息化问题解决能力中等，信息交易能力和信息创造能力偏低。

表6-2 信息能力测量与得分（$N=800$）

信息能力维度	测量题目	维度得分（分）
信息管理能力	会备份手机数据和信息	0.47
	设置了手机开机密码	
	微信或上网看新闻和资讯	
	上网搜索信息或新闻	
信息化问题解决能力	只要我努力，我就能学会各种网络操作	0.56
	有麻烦的时候，我能够利用网络找到应对方法	
	以我的才智，无论上网遇到什么问题，我都能应付	

续表

信息能力维度	测量题目	维度得分（分）
信息通信能力	微信聊天	0.90
	微信朋友圈点赞或者评论	
信息交易能力	网上交手机话费	0.37
	网上购物	
	网上交生活费用	
	手机支付	
信息创造能力	手机上制作相册	0.38
	制作微信表情包	
	微信里拍摄或者发小视频	
信息能力总分		7.95

进一步方差分析结果显示，中老年人的信息能力与其社会经济地位有一定关联。如图6-1所示，受教育程度为高中/中专/职高及以上的中老年人信息能力得分在9分以上，即中等偏上水平，受教育程度为大学专科的中老年人信息能力最强，而受教育程度为未上过学或小学的中老年人，信息能力得分只有5分左右。如图6-2所示，目

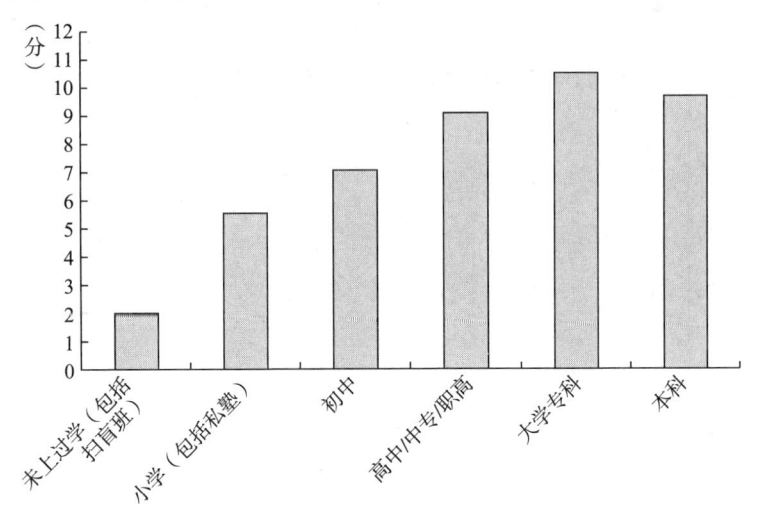

图6-1 不同受教育程度中老年人的信息能力得分

前/退休前职业为企业管理者、专业人员、普通职员和政府/机关干部/公务员的中老年人信息能力得分较高,而农林牧渔劳动者和自由职业者的得分较低。这与焦点组访谈结果相一致,工作性质会影响信息能力的大小。比如上海调研中,有访谈对象表明,因从事财会或教育工作,20世纪90年代电脑刚兴起不久,单位就要求用电脑,所以那时就已经开始接触电脑和网络了。此外,根据图6-3的结果,中老年人的收入越高,其信息能力也越强。

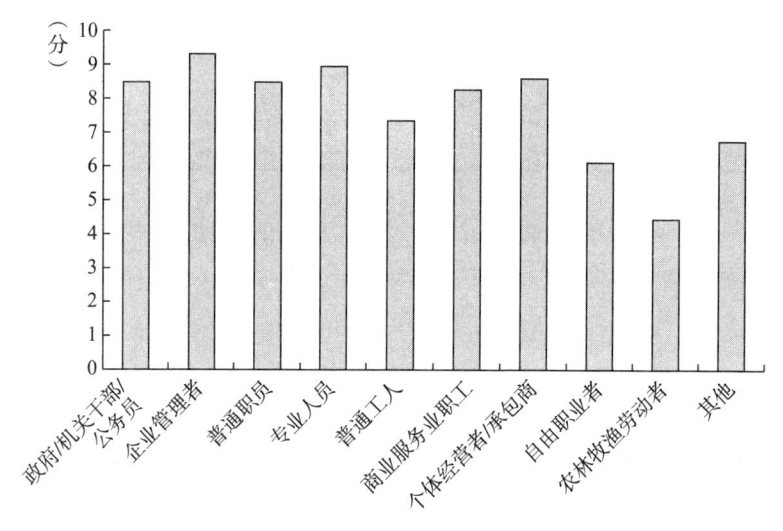

图6-2 目前/退休前不同职业中老年人的信息能力得分

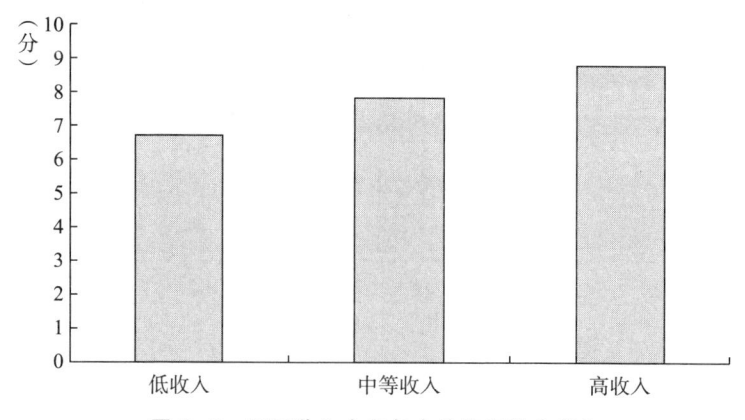

图6-3 不同收入中老年人的信息能力得分

三 互联网安全素养的测量与分析

本书以信息获得能力、信息甄别能力、网络安全意识和个人信息保护能力四个维度,构建了一个中老年人网络安全素养量表,量表每个题目的取值范围是 1~4 分,8 道题总分为 32 分(见表 6-3)。调查中的中老年人网络安全素养得分平均为 22.49 分,可以看出,中老年人的自评网络安全素养总体处于中等偏上水平。从四个维度的比较来看,中老年人的信息甄别能力最弱,可见针对虚假消息和谣言的监管、培养中老年人辨别信息的技术能力对于加强中老年人的网络安全素养尤其重要。

表 6-3 中老年人网络安全素养水平

测量维度	量表	得分(分)
信息获得能力	我知道在哪里能够看到最新的新闻	5.875
	我可以找到自己需要的信息	
信息甄别能力	对流传的信息我能够辨别真假	4.918
	我会利用网站、手机 App 等工具核实信息真假	
网络安全意识	我从不浏览不安全的网站	5.918
	我不轻易点微信文章或消息中的链接	
个人信息保护能力	我没什么秘密,所以不需要保护个人的信息	5.783
	我从不在不信任的地方留个人电话、地址等信息	
网络安全素养		22.49

数据显示,中老年人的网络安全素养与其社会经济地位显著相关。如图 6-4 至图 6-6 所示,大学专科和本科学历中老年人的网络安全素养得分均超过 23 分,而受教育程度为未上过学或小学的中老

年人的得分在20分左右。目前/退休前职业为企业管理者、其他、普通职员和专业人员等的中老年人，网络安全素养得分较高，而自由职业者和农林牧渔劳动者的得分较低。此外，中老年人的收入越高，其网络安全素养水平也越高。

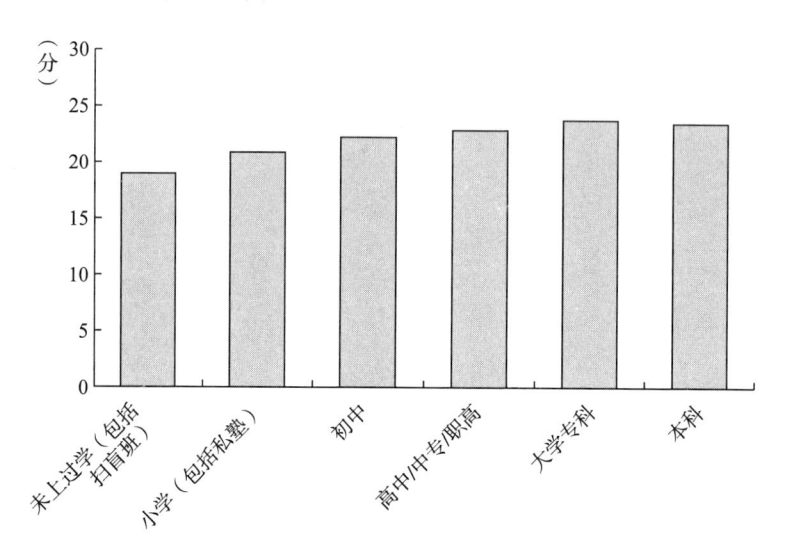

图6-4 不同受教育程度中老年人的网络安全素养得分

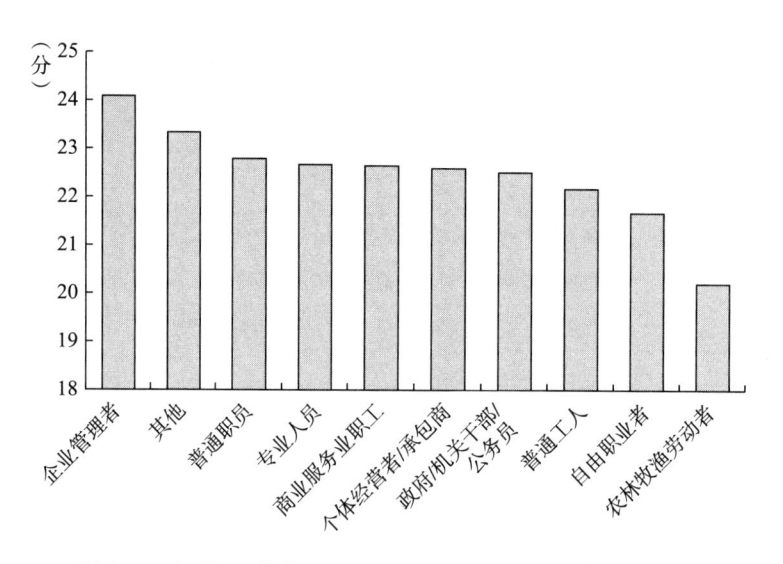

图6-5 目前/退休前不同职业中老年人的网络安全素养得分

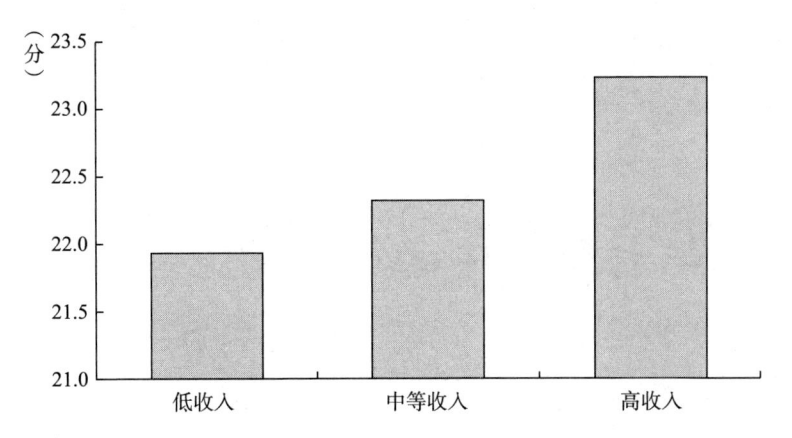

图 6-6　不同收入状况的中老年人的网络安全素养得分

第七章 中老年行动愿景的测量与分析

本书认为，以网络素养为基础，中老年人对互联网的使用，各种行动和选择背后，所蕴含的是一个生活与互联网交织在一起的意义世界，对这一意义世界的理解途径之一是行动愿景。行动愿景包括了中老年人对互联网和生活世界的认知和想象。此部分将根据2017年调查数据，分析中老年人行动愿景的特点。

一　行动愿景：互联网世界

人们对意义世界的想象很难通过几个维度去硬性划分，为了理解和操作化的需要，我们根据焦点组访谈的结果，对中老年人关于互联网世界的愿景加以维度划分，从互联网安全、互联网便利、互联网心态益处、互联网学习需要、互联网限制和科技恐惧六个维度去考察互联网世界愿景。表7-1列出了各个维度的测量内容，将所有题目统一为0、1计分，0代表不同意，1代表同意。用每个维度测量题目的均值代表维度得分，得分范围为0~1分。

表 7-1 中老年人互联网愿景测量概览（$N=800$）

维度	测量题目	不同意人数比例（%）	同意人数比例（%）	维度得分均值（分）
互联网安全	现在的网络环境安全	53.4	46.6	0.50
	手机支付安全	47.0	53.0	
互联网便利	当需要查找资料或信息的时候，互联网是最重要的渠道	34.6	65.4	0.75
	互联网让人与人之间联络更方便	17.8	82.3	
	互联网让我的生活更便利	21.3	78.8	
	互联网让我的生活更充实	25.8	74.3	
互联网心态益处	互联网让我跟上了时代	24.5	75.5	0.71
	通过使用互联网，我感觉自己变年轻了	33.0	67.0	
互联网学习需要	有需要去学习和使用更多的互联网和手机功能	55.8	44.3	0.44
互联网限制	互联网是年轻人的事情，老年人肯定玩不好	54.8	45.3	0.38
	必须高学历才能玩得好智能手机	68.6	31.4	
科技恐惧（针对智能手机）	担心上网流量和花费	35.8	64.3	0.57
	担心不当操作会损坏机器设备	42.4	57.6	
	担心手机和电脑有辐射，影响自己的健康	47.0	53.0	
	担心用得不好被别人嘲笑	74.0	26.0	
	担心自己的隐私和信息会泄露	34.0	66.0	
	担心受骗上当	28.9	71.1	
	害怕手机病毒	39.3	60.8	

从表中结果来看，调查中的中老年人关于互联网呈现这样一幅愿景：互联网给生活和心态都带来好处，安全性不确定，不太具有深入学习的需要，没有年龄和学历的限制，对互联网接入设备（智能手机）有一定的科技恐惧。

具体而言，中老年人对互联网的理解和评价倾向正面。82.3%的中老年人认为互联网让人与人之间联络更方便，分别有78.8%和

74.3%的中老年人同意互联网让自己的生活更便利和更充实，75.5%的中老年人表示互联网让自己跟上了时代，65.4%的中老年人同意互联网是自己获取所需相关资料的最重要渠道；反之，较低比例的中老年人认同"互联网是年轻人的事情，老年人肯定玩不好"和"必须高学历才能玩得好智能手机"。研究发现反映了中老年人对互联网介入日常生活的认同。

44.3%的中老年人认为有需要去学习和使用更多的互联网和手机功能。中老年人通常对新鲜事物具有排斥心态，一方面怕能力不足无法控制，另一方面出于自尊而不愿意接受新鲜事物。调查中，部分中老年人的确显示了对智能手机的"科技恐惧症"。超过半数的中老年人对于上当受骗、隐私安全以及智能手机的花费和病毒等多方面表现出了担心。可见，虽然越来越多的中老年人开始使用智能手机和互联网，但仍存在一定程度的担忧和顾虑，可能会阻碍中老年人进一步提升互联网行动能力。因此，中老年人互联网生活的改善需要来自政府、社工力量的干预以及家庭的支持。

为了更直观地展现中老年人互联网愿景的整体特点，如前所述，可以从开放和封闭的角度来理解行动愿景。从愿景内容来看，互联网安全、互联网便利、互联网心态益处和互联网学习需要这四个维度是正向的愿景开放性测量维度，同意表示互联网愿景开放，不同意表示互联网愿景封闭；互联网限制和科技恐惧这两个维度则是负向的愿景开放性测量维度，不同意表示互联网愿景开放，同意表示互联网愿景封闭。我们将在这一基础上，计算互联网愿景的开放封闭程度。前四个维度，每个测量题目，选择同意计1分，选择不同意计-1分，后两个负向维度的测量题目，选择同意记-1分，选择不同意计1分，将所有题目相加，则18个题目计算而得的行动愿景开放封闭度得分范围为-18~18分。我们将-18~-10分归为高度封闭，-9~-1

分记为一般封闭，0分记为中立，1~9分归为一般开放，10~18分记为高度开放。如表7-2所示的结果，多数中老年人（54.4%）对互联网整体上持有的是开放的愿景，其中一般开放程度的居多，为35.2%，高度开放的也占了近1/5。超过一成中老年人的互联网愿景是谈不上开放也谈不上封闭的中立状态。超过三成的中老年人持有封闭的互联网愿景，其中高度封闭的人数较少，占7.0%，近三成中老年人是一般封闭程度的互联网愿景。

表7-2 中老年互联网行动愿景开放性和封闭性分布特点（$N=800$）

互联网愿景类别	人数比例（%）
高度封闭	7.0
一般封闭	27.9
中立	10.8
一般开放	35.2
高度开放	19.2
互联网愿景得分均值	2.23

二 行动愿景：生活世界

行动愿景的另一个重要方面就是对生活世界的理解和想象。可以从个体、家庭和社会三个维度对行动愿景进行分析，这三个维度涉及了作为行动者的普通人在生活世界中的根本性在场。在调查中，我们从上述三方面，对中老年人生活世界愿景进行了分析。从个体角度，考察了自我构念、养老观和死亡态度；从家庭角度，考察了家庭价值取向和家庭关系现状；从社会角度，考察了社会信任。

（一）个体维度的中老年人生活世界愿景

个体维度，我们认为自我构念、养老观和死亡态度在中老年人互联网行为中有比较重要的作用。自我构念是个体从自己的思想、情感、行为与他人的关系角度来理解自我的一种认知结构，主要包含独立自我和依存自我。独立自我强调自己内部特质的表达，依存自我注重使自己和他人建立联系，两种自我构念会影响人们的行为方式，包括互联网行为的表现。养老问题和生老病死话题则与中老年人切身相关，可以解释很多互联网行为。如前述分析已经显示，死亡焦虑程度高的中老年人更偏爱阅读心灵鸡汤类的文章。本部分我们对这方面的个体生活世界愿景进行了逐一分析。

表7-3列出了各个部分的测量内容。自我构念量表包括4个题目，2个题目测量独立自我，2个题目测量依存自我，4点量表计分，1表示完全不符合，4表示非常符合。死亡态度量表包括5个题目，3个题目测量死亡焦虑，2个题目测量死亡接纳，4点量表计分，1表示非常不同意，4表示非常同意。测量养老观时请调查对象评定每个题目对于幸福晚年生活的重要程度，1表示完全不重要，4表示非常重要。将每个维度的题目得分加总取均值，作为各维度得分，得分范围为1~4分，中间值为2.5分。根据表中所列结果，调查对象独立自我和依存自我都超过了中间值，但依存自我更为明显，表明相对于凸显自我个性来说，中老年人的自我愿景对人际关系更重视。对于生老病死的事情，所调查的中老年人死亡焦虑比较低，对死亡比较接纳。在养老愿景中：中老年人理想的晚年生活中最重要的是身体健康和经济条件好这样的基本生活保障；其次是家庭和睦，和朋友相聚、相伴等；能实现自己的兴趣爱好，让年轻人尊重、佩服这种老有所为的状态排在第三位；相比较而言，会充分利用网络、智能手机等新科技，

了解新资讯和知识,跟上网络时代步伐,不落伍的重要性是最低的。

表7-3 中老年人个体维度生活世界愿景测量概览（$N=800$）

维度		测量内容	维度均值得分（分）
自我构念	独立自我	不管和谁在一起,我都是一个样子	2.72
		我喜欢与众不同	
	依存自我	我认为良好的人际关系比我自己取得的成绩更重要	3.07
		我认为尊重集体决定很重要	
死亡态度	死亡焦虑	我非常恐惧死亡	2.38
		想到自己的死亡时,我就焦虑不安	
		我尽可能不去想死亡的事情	
	死亡接纳	死亡是生命中自然的一部分	3.02
		死亡谈不上是好事还是坏事	
养老观	天伦之乐	子女陪伴或儿孙环绕	3.43
		和朋友相聚、相伴	
		家庭和睦	
	老有所为	老有所为、发挥余热	3.04
		能实现自己的兴趣爱好	
		独立、自主	
		让年轻人尊重、佩服	
	顺应时代	了解新资讯和知识	2.82
		跟上网络时代步伐,不落伍	
		会充分利用网络、智能手机等新科技	
	生活保障	身体健康	3.55
		经济条件好	

为了更直观地展示个体维度的中老年生活世界愿景的特点,对各个维度进行程度划分,维度均值得分范围为1~4分,得分在1~2分计为低分组,2~3分计为中间组,3~4分计为高分组。从表7-4的

结果来看,中老年人对人际关系的重视趋势更为明显,比如自我构念方面,中等偏上水平依存自我的人数占了绝大多数,低独立自我的人数远高于低依存自我的人数。死亡态度方面,超过三成调查对象死亡焦虑较低,大部分人表现为中等程度的焦虑,近九成调查对象对死亡报以中等水平及以上的接纳态度。养老观方面,对晚年天伦之乐极为重视的人数超过了七成,超过九成的中老年人希望老有所为,17.3%的中老年人认为顺应时代对晚年生活来说不重要。

表7-4 中老年人个体维度生活世界愿景（$N=800$）

单位：%

		低分组人数比例	中间组人数比例	高分组人数比例
自我构念	独立自我	16.4	65.0	18.6
	依存自我	5.3	62.4	32.4
死亡态度	死亡焦虑	34.9	51.3	13.9
	死亡接纳	11.5	53.0	35.5
养老观	天伦之乐	0.8	27.4	71.9
	老有所为	6.0	53.9	40.1
	顺应时代	17.3	56.6	26.1
	生活保障	3.0	19.0	78.0

总体上,在个体维度展示出的中老年人生活世界愿景,从不同方面都一致显示,中老年人非常重视人际关系,希望和家人、子女、朋友都能保持良好关系,关注基本生活保障,对生老病死有所接纳,对老有所为有所希冀,对顺应网络时代的需求相对较低。这与焦点组访谈的结果比较一致,第五章对此有详述。

（二）家庭维度的中老年人生活世界愿景

从家庭角度出发的生活世界愿景,我们分析了家庭价值取向和家庭关系现状。家庭价值取向反映了人们关于家庭关系相较于个人孰轻孰重的观念。4 点量表计分，1 表示完全不符合，4 表示非常符合。均值得分为 3.27 分，从表 7-5 的具体选择来看，两个题目都有约九成的人表示符合自己的情况，也就是说中老年人的生活世界是以家庭为重，家人优于个人。根据前述个体维度分组的方法，将家庭价值取向分为高、中、低三组，结果显示，只有 4.3% 的调查对象的家庭价值取向较低，分别有 48.0% 和 47.8% 的中老年调查对象表现出中等程度和较高的家庭价值取向。

表 7-5 中老年人家庭价值取向（$N=800$）

单位：%

测量题目	完全不符合	不太符合	比较符合	非常符合
无论如何，我都会把家人放在第一位	0.9	10.0	50.1	39.0
享受人生应该以家人幸福为前提	0.9	11.4	48.9	38.9

家庭关系现状上，我们请调查对象评估子女陪伴或儿孙环绕这一现状需要改善的程度。4 点量表计分，1 表示完全不需要改善，4 表示非常需要改善。表 7-6 的结果表明，38.8% 的调查对象认为家庭关系现状无须改善，分别有 41.8% 和 19.5% 的调查对象认为家庭关系现状比较需要改善和非常需要改善。

表 7-6 中老年人家庭关系现状（$N=800$）

单位：%

测量题目	完全不需要改善	不太需要改善	比较需要改善	非常需要改善
子女陪伴或儿孙环绕需要改善程度	4.4	34.4	41.8	19.5

（三）社会维度的中老年人生活世界愿景

社会维度的中老年人生活世界愿景包括众多方面，鉴于在焦点组访谈阶段,访谈对象很多提到网络不可信、"微信微微信"、诈骗电话很多等,因此,在社会维度方面,我们选择分析一下中老年人一般性的社会信任。结果如表7-7所示,社会维度上,中老年人对生活世界展现的愿景是对社会具有普遍信任。虽然超过半数的调查对象认为大多数人一有机会就占别人的便宜,但近九成调查对象表示人们在大多数情况下是乐于助人的,七成多的调查对象表示社会上大多数人可以信任。社会信任平均得分为2.85分。总体上,调查对象的社会信任程度处于中上水平,基本信任他人,不过认为占他人便宜的情况比较多。分组结果表明,只有9.3%的调查对象社会信任程度较低,73.6%的调查对象表现出中等水平的社会信任,17.1%的调查对象具有较高的社会信任水平。

表7-7 中老年人一般社会信任概况（$N=800$）

单位：%

测量题目	非常不同意	不太同意	比较同意	非常同意
人们在大多数情况下是乐于助人的	0.6	9.6	68.3	21.5
社会上大多数人可以信任	2.8	20.4	50.8	26.1
大多数人一有机会就占别人的便宜	6.5	43.4	38.4	11.8

三 互联网世界与生活世界的交织

行动愿景中的互联网世界和生活世界是彼此交织、相互影响的。本部分将分析互联网世界和生活世界愿景之间的关系。分别比较生活愿景不同的调查对象在互联网愿景开放程度上的差异,结果见图7-1至图7-6。

根据图7-1的结果，首先，从趋势变化来看，无论是重视自我表达还是重视人际关系的自我构念，都会随着自我构念分值增加而提升互联网愿景的开放程度，换言之，自我构念越明确，互联网愿景越开放。其次，从自我构念内容来看，中等及以下的"独立自我"所对应的互联网愿景要比"依存自我"所对应的互联网愿景更开放；但是，高"依存自我"对应的互联网愿景要比高"独立自我"对应的互联网愿景更开放，可能原因是其特别重视人际关系经营，会更多投入互联网社会交往之中。

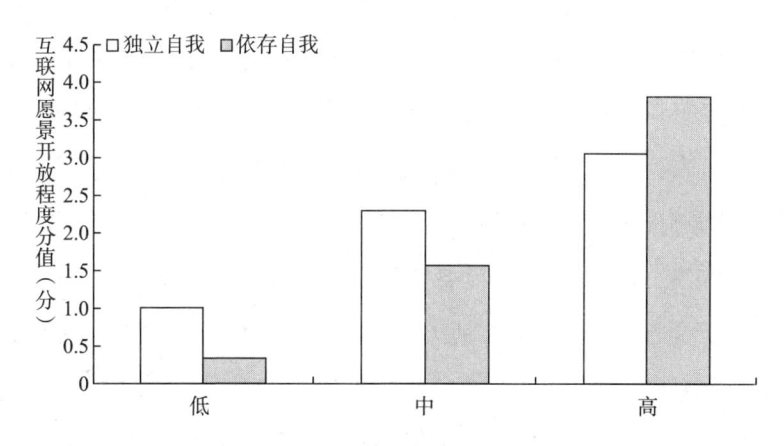

图7-1 不同自我构念的中老年人的互联网愿景开放性（$N=800$）

从图7-2来看，死亡态度和互联网愿景开放性关系紧密，低死亡焦虑的中老年人的互联网愿景开放性远高于高死亡焦虑的中老年人，中、低死亡焦虑的中老年人都表现出比较开放的互联网愿景，而高死亡焦虑的中老年人则表现为封闭的互联网愿景。同时，死亡接纳程度越高，中老年人互联网愿景越开放。这一结果表明，积极的死亡态度与开放的互联网愿景关系紧密。

从图7-3来看，养老观和互联网愿景开放性也有一定的关联。首先，从程度趋势来看，无论养老观是重视"天伦之乐""老有所为""顺应时代"，还是"生活保障"，重视程度越高，互联网愿景越

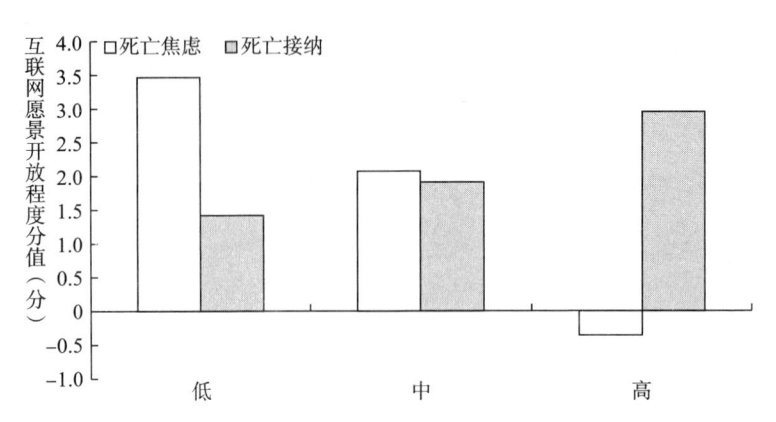

图 7-2 不同死亡态度的中老年人的互联网愿景开放性（$N=800$）

开放。对这些都不重视的调查对象表现出封闭的互联网愿景，不过，这可能与该组调查对象人数较少有关。其次，从观念内容来看，认为对理想晚年来说，重视"顺应时代"的中老年人要比重视其他方面的中老年人所对应的互联网愿景更开放。也就是说，越认为晚年要跟上网络时代步伐、掌握智能化设备使用，互联网愿景越开放。最后，重视"老有所为"的中老年人所对应的互联网愿景开放性也较高。可见，鼓励中老年人持有"老有所为""顺应时代"的养老观，比如重视独立自主、实现自我兴趣、掌握新资讯、紧跟时代等，可以促进其形成更加开放的互联网愿景。

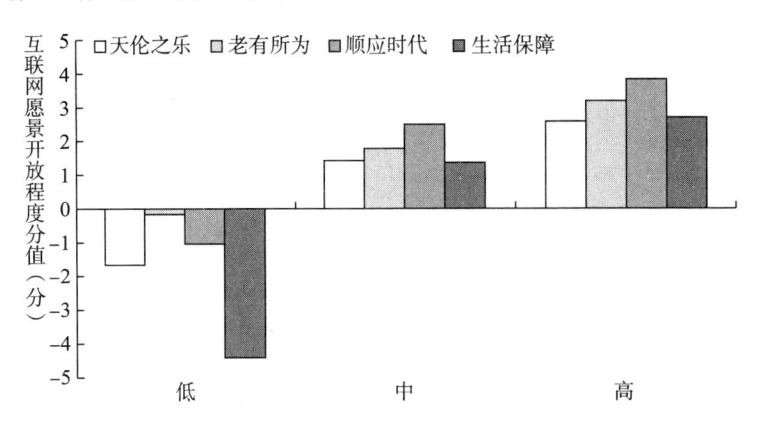

图 7-3 不同养老观的中老年人的互联网愿景开放性（$N=800$）

根据图 7-4 和图 7-5 所呈现的数据，家庭价值取向越高的中老年调查对象，互联网愿景越开放。低家庭取向的中老年人具有封闭的互联网愿景。在家庭关系和互联网愿景的关系上，调查对象越是觉得自己子女或儿孙陪伴的状况较好，不需要改善，其互联网愿景越开放。相反，调查对象越是觉得现在子女或儿孙陪伴自己较少，需要较大改善，也就是天伦情感未得到很好的满足，互联网愿景开放性越低。

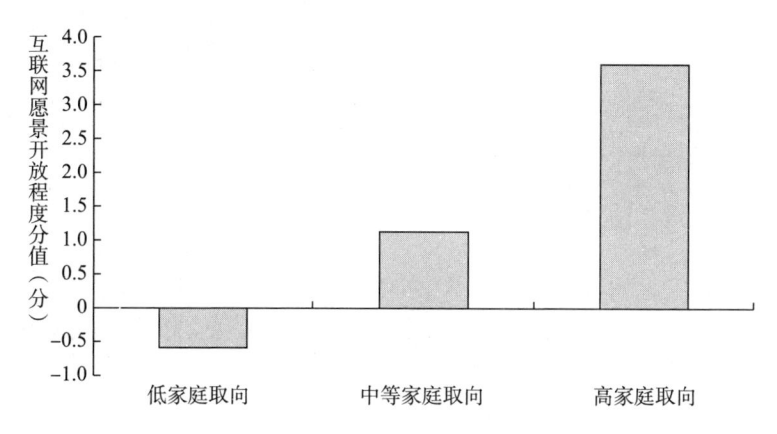

图 7-4　家庭价值取向不同的中老年人的互联网愿景开放性（$N=800$）

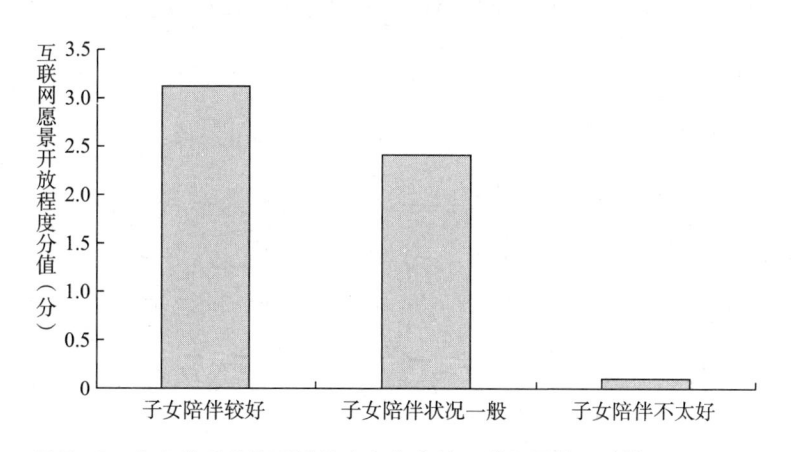

图 7-5　家庭关系现状不同的中老年人的互联网愿景开放性（$N=800$）

图 7-6 所示的结果表明，一般社会信任越强的中老年调查对象，其互联网愿景越开放。一般社会信任程度偏低的中老年调查对象持有

封闭的互联网愿景,而社会信任较高的调查对象,则持有开放的互联网愿景。这一结果表明,中老年人在生活中对社会上大多数人是否可信的态度,会影响其对互联网世界的想象,态度越积极,互联网愿景越具有开放性。

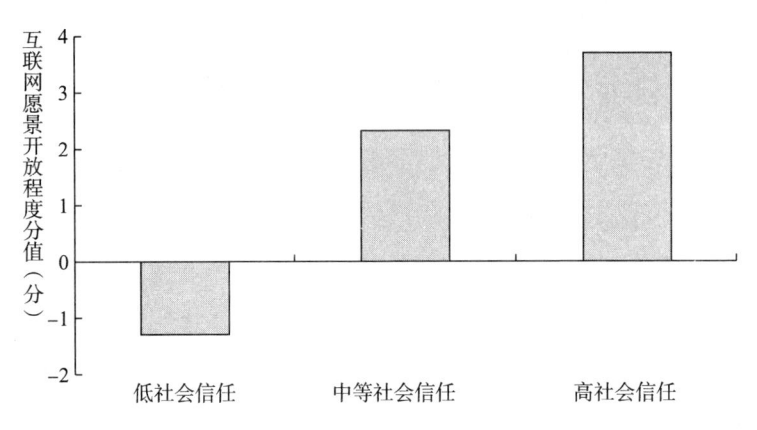

图 7-6 社会信任不同的中老年人的互联网愿景开放性（$N=800$）

四 互联网愿景与网络素养的交织

根据本书提出来的行动愿景框架,行动愿景和网络素养处于一种张力状态之中。开放的行动愿景会鼓励中老年人对自身信息能力的认识和提升,反之则会对中老年人有所限制,并且这种限制会进一步强化其认知和想象。行动愿景中,互联网愿景与网络行动紧密关联,下面将对互联网愿景和网络素养之间的关系进行探讨。

（一）互联网愿景与信息能力

比较互联网愿景开放程度不同的调查对象,其网络素养中信息能力的差异,结果如图 7-7 所示。互联网愿景高度开放的中老年调查对象信息能力得分超过 10 分，而互联网愿景高度封闭的调查对象信息能力分值则为 5.32 分，两者之间差异明显。信息能力得分范围为 0~16 分，持有中立和封闭互联网愿景的调查对象信息能力得分都在中间水平之下。

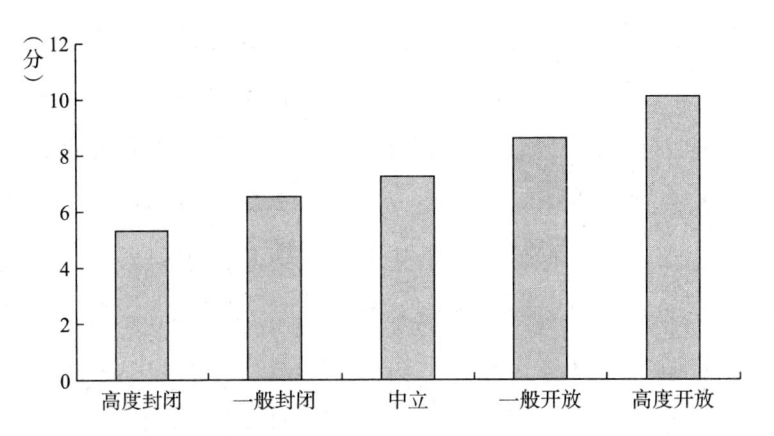

图 7-7　互联网愿景不同的调查对象的信息能力得分（$N=800$）

进一步分析互联网愿景与各类信息能力之间的关系，结果如图 7-8 所示。如前所述，为便于比较信息能力各维度得分，取维度均值分，得分范围为 0~1 分。可以看出，互联网愿景的开放和封闭对于

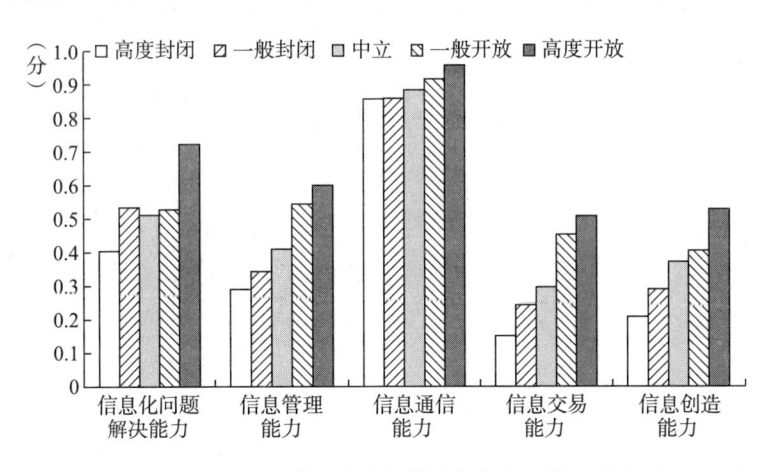

图 7-8　互联网愿景不同的调查对象的信息能力各维度对比（$N=800$）

中老年人的信息管理、信息交易和信息创造能力的影响最为明显,愿景开放的调查对象这三种能力明显强于愿景封闭的调查对象。对于信息化问题解决能力,愿景开放和封闭程度中等的调查对象差异不大,但愿景高度开放的调查对象能力明显强于愿景高度封闭的调查对象。而中老年人的信息通信能力受互联网愿景开放性的影响则较小,持有开放和封闭愿景的调查对象信息通信能力相差较小。

上述结果表明,互联网愿景的开放性对中老年人在互联网时代所表现出的信息能力有明显的影响,互联网愿景开放的中老年人更善于管理数字化信息、进行信息交易甚至创造信息,也能够更好地用信息化手段解决问题。互联网愿景封闭的中老年人除了信息通信能力较少受到愿景影响外,其他信息能力明显弱于愿景开放的中老年人。

(二)互联网愿景与网络安全素养

比较互联网愿景开放程度不同的调查对象,其网络素养中网络安全素养的差异,结果如图7-9所示。互联网愿景高度开放的中老年调查对象网络安全素养为24分,互联网愿景高度封闭的调查对象网络安全素养为21分。

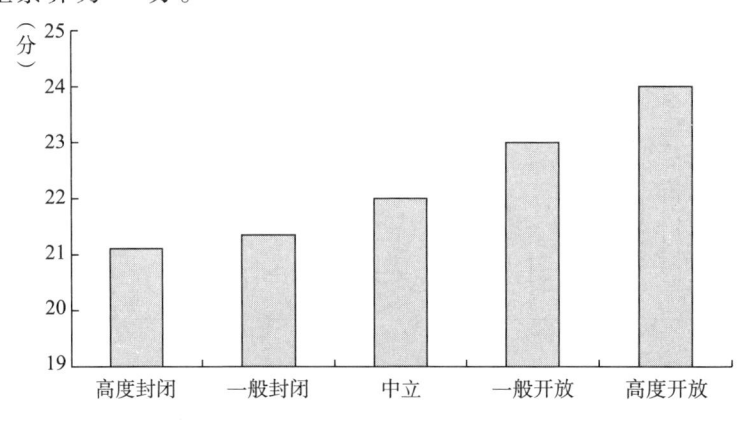

图7-9 互联网愿景不同的调查对象的网络安全素养($N=800$)

进一步分析互联网愿景与网络安全素养各成分之间的关系，结果如图7-10所示。愿景不同的中老年调查对象在网络安全意识和个人信息保护方面的差异不大，在信息获得能力和信息甄别能力方面，互联网愿景高度开放的中老年调查对象强于互联网愿景高度封闭的中老年调查对象。

整体上，互联网愿景不同的中老年调查对象的网络安全素养差异不是特别大，但互联网愿景开放的中老年人网络安全素养还是整体高于互联网愿景封闭的中老年人。

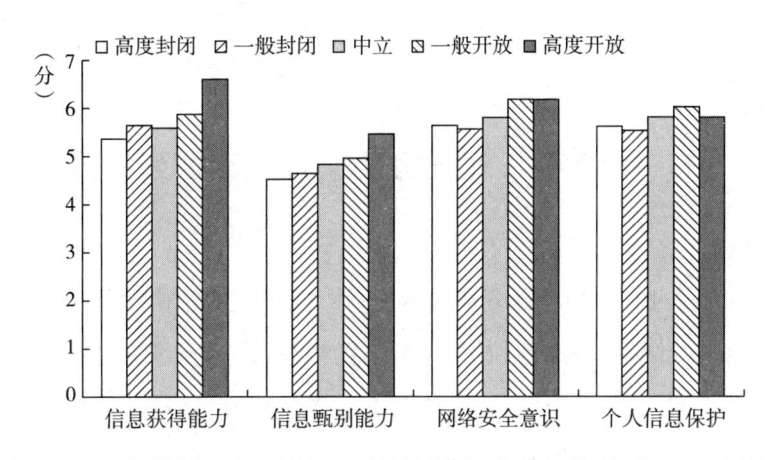

图7-10 互联网愿景不同的调查对象的网络安全素养维度比较（$N=800$）

第八章 行动愿景框架下中老年互联网行为分析实例

一 中老年人互联网受骗与预测模型构建

中老年人在互联网的诸多功能使用方面进步明显,但是在网络安全方面仍处于相对弱势地位。本部分将根据2017年调查数据的结果,从中老年人对互联网虚假信息的认知和受骗经历着手,分析中老年人受骗上当的原因,并构建预测模型。

(一)中老年人比较相信官方媒体和政府机构发布的信息

调查数据显示,中老年人对互联网上的信息存在一定质疑。有23.5%的中老年人认为微信上虚假信息的比例在50%~60%。这与我们在华北和华东地区进行的焦点组访谈所获得的研究发现一致,尤其是发达地区和一线城市的中老年人,有更高比例认为互联网上的虚假信息超过50%。

在中老年人看来,信息来源比较可靠的主要是官方媒体和政府机构,分别有80.4%和45.6%的中老年人认为官方媒体和政府机构订阅号发布的信息比较可信。相对而言，私人注册的公众号和养生保健类公众号的可信度在中老年人看来较低（如表8-1所示）。这表明中老年人对虚假信息具有一定的甄别能力，并且更相信政府和权威机构发布的信息。

表8-1 您认为哪种类型公众号/订阅号发布的信息比较可信（$N=800$）

	人数（人）	占比（%）
官方媒体，如央视新闻、新华社、人民网	643	80.4
市场化媒体，如凤凰网、腾讯新闻	277	34.6
政府机构，如浙江财政、深圳公安、广东省人民政府	365	45.6
公共事业部门，如湘雅医院、复旦大学、北京地税	239	29.9
公益组织和民间组织，如壹基金、老小孩社区	112	14.0
社区街道	182	22.8
知名企业，如腾讯视频	135	16.9
私人注册的公众号，如心灵鸡汤吧、政见CNPolitics	14	1.8
养生保健类公众号	70	8.8
朋友制作的公众号	54	6.8

注：多选题，故比例相加大于100%。

（二）中等收入、有经济自主性的中老年人受骗比例更高

如果将被骗广泛定义为钱财、感情、谣言、虚假宣传等多方面，中老年人表示在互联网上当受骗过（或者疑似上当受骗过）的比例为67.3%。如图8-1所示，中老年人被骗的主要渠道是朋友圈（69.1%）、微信群（58.5%）以及微信好友（45.6%）。根据表8-2所示分析，中老年人受骗的信息类型前三位是：免费领红包（60.3%）、赠送手机流量（52.3%）和优惠打折团购商品（48.6%）。

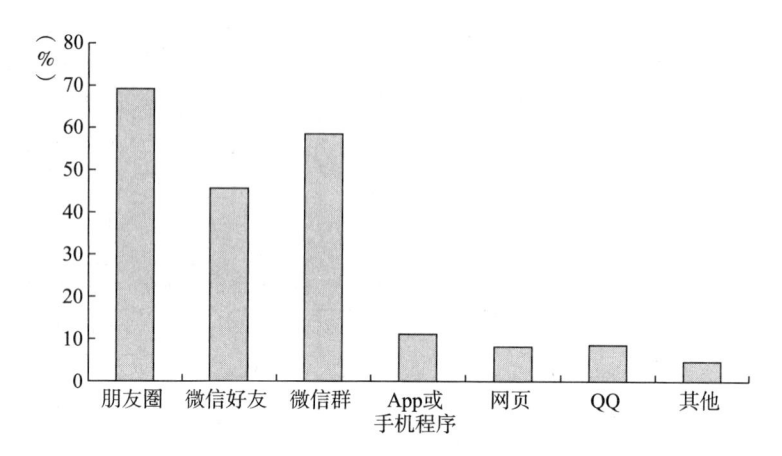

图 8-1　您曾在何种互联网渠道被骗（$N=538$）

表 8-2　您曾经被何种类型信息骗过（$N=538$）

	人数（人）	占比（%）
科普信息	9	1.7
养生信息	86	16.0
保健品介绍	117	21.8
旅游信息	73	13.6
生活窍门	52	9.7
人生态度成功励志	11	2.0
公益捐款	165	30.7
优惠打折团购商品	261	48.6
赠送手机流量	281	52.3
免费领红包	324	60.3
众筹	79	14.7
其他	29	5.4

当中老年人发觉受骗之后寻求帮助的比例较低。如图 8-2 所示，有 68.3% 的中老年人表示"不寻求帮助，当经验教训"，67.2% 的中老年人选择"告诉家人朋友以防再次被骗"，只有 25.9% 和 17.9% 的中老年人会选择向子女和朋友寻求帮助，而表示选择报警求助的仅有

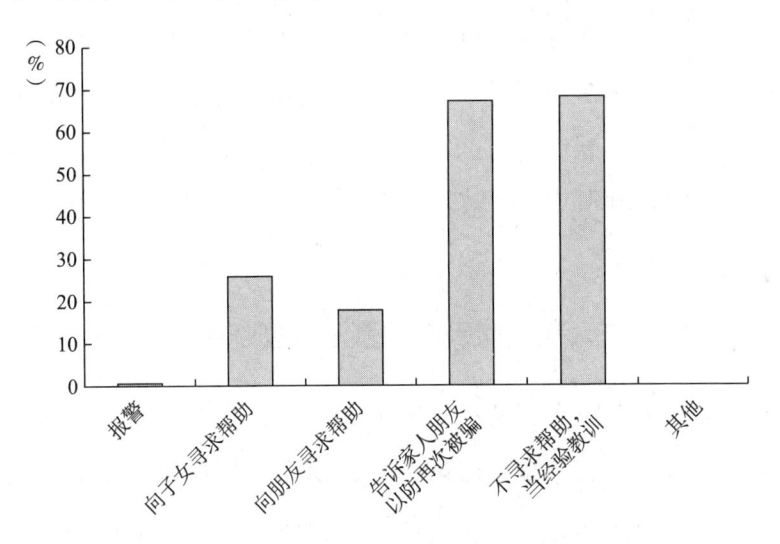

0.6%。可见，中老年人维护自身权益的意识需要强化。

图 8-2 受骗之后，您会怎样寻求帮助

分析发现，被骗的中老年人很大一部分社会经济地位较高并且具有经济自主性。在有被骗经历的中老年人中，受教育程度集中在初中和高中学历，分别为 39.4% 和 37.7%，小学学历仅占 12.3%；中等收入和高收入中老年人居多，分别占 67.1% 和 24.3%，低收入中老年人仅占 8.6%；[①] 99.4% 的中老年人有医疗保险。从经济自主性来看，有受骗经历的中老年人中有 41.1% 表示家里的重大支出由自己决定，37.5% 的中老年人表示是共同协商决定，仅有 16% 和 5.4% 的中老年人表示是由配偶和子女决定。

因此，互联网时代中老年人受骗上当出现了新的特征，被骗或行骗的主要对象不仅局限于受教育程度低、生活保障程度低的中老年人，而是很大一部分有文化、收入较好并且经济自主性较高的中老年人被拖下了水，这些中老年人通常对自己的判断更自信，一旦发生经

---

① 家庭年收入在 40000 元及以下为低收入，40001~120000 元为中等收入，120000 元以上为高收入。

济损失也更为严重。

数据也显示,喜欢养生保健类文章的中老年人当中有66.6%的人曾经在互联网受骗上当,并且在免费领红包、赠送手机流量、优惠打折团购商品方面被骗的比例较高,超过50%的中老年人表示被这些信息骗过。因此,针对中老年人的养生保健类信息尤其是营销相关的信息需要加强监管。

(三)中老年人互联网受骗的预测模型建构

为了降低中老年人互联网受骗的概率,首先要了解哪些因素会影响中老年人面对互联网骗局时的反应。前面分析已经表明,传统的社会经济地位,如收入,是影响因素之一,但这种单一的因素既无法勾勒出事件的全貌,也无助于降低受骗概率的策略制定。基于本书的基本思想,中老年人的互联网行为可以用行动愿景的分析框架来理解,因此,我们试图在行动愿景的框架下,结合调查数据和焦点组访谈,构建预测中老年人互联网受骗的分析模型。

1. 中老年人互联网受骗预测模型的构成要素

根据焦点组访谈的结果,我们提出影响中老年人互联网受骗上当的因素,在行动愿景的分析框架下,可以从以下四个方面衡量:社会经济地位、行动能力、互联网愿景和心理需求。根据对访谈资料的分析,我们对这四方面的影响因素进行了量化并在调查中施测。

社会经济地位量化为受教育程度和家庭收入两个主要指标,年龄作为基本人口学指标,也归入其中。

行动能力主要是指与互联网受骗关系紧密的互联网相关能力,包括网络自我效能、互联网融入程度和银行卡绑定情况。其中,网络自我效能是人们对自己能在互联网领域内实现行为目标所需能力的信心。所测量的题目包括"只要我努力,我就能学会各种网络操作",

"有麻烦的时候，我能够利用网络找到应对方法"，以及"以我的才智，无论上网遇到什么问题，我都能应付"，1~4点计分，将总分记为网络自我效能得分。互联网融入程度则侧重于分析人们对各种常见互联网功能的应用情况，体现了一种信息能力，测量题目参见前文表4-7中所列的互联网功能使用测量，每项功能会使用计为1分，不会使用计为0分，将所有题目得分加总作为互联网融入程度得分。在构建模型的过程中，我们将中老年人是否在微信或支付宝等支付平台绑定了银行卡作为具体的行动能力指标。这样构建，一方面是因为访谈中发现，互联网支付平台是否绑定银行卡是衡量中老年人互联网使用深入程度的一个可见指标，可体现中老年人的互联网行动能力；另一方面，支付平台绑定银行卡也可能让中老年人在互联网受骗时蒙受的损失更多。因此，这一指标与互联网受骗关系紧密。

互联网愿景侧重访谈中发现的与中老年人互联网受骗相关的一些关于互联网的愿景，量化为网络环境安全感、网络心态益处、互联网年龄限制和互联网学习需要。具体测量题目如表8-3所示。研究中，我们从开放和封闭的角度去理解愿景，认为互联网环境安全、对心态有好处、不受年龄限制、需要深入学习的态度界定为开放性的愿景，反之，认为互联网环境不安全、对心态没有什么好处、存在年龄限制、不要深入学习和使用的界定为封闭性的愿景。

表8-3 与互联网受骗相关的愿景测量题目

测量内容	测量题目
网络环境安全感	现在的网络环境安全
网络心态益处	通过使用互联网，我感觉自己变年轻了
	互联网让我跟上了时代
互联网年龄限制	互联网是年轻人的事情，老年人肯定玩不好
互联网学习需要	有需要去学习和使用更多的互联网和手机功能

心理需求方面，访谈中的中老年人表现出的代表性的心理诉求包括情感需求与对疾病和死亡的恐惧，在操作化过程中，我们将其简化为中老年人对鸡汤类微信文章和养生保健类微信文章的阅读偏好，对两类文章的偏好，一定程度上反映出中老年人在这两方面的心理需求。

2. 中老年人互联网受骗预测模型的构建

本研究中，中老年人互联网受骗模型的建构分为了两个步骤：第一步是根据调查数据，将上述要素指标作为自变量，将前述中老年人是否有过互联网受骗的经历作为因变量，进行逻辑回归分析，并考察自变量之间的交互作用，也就是说，用模型中的指标预测中老年人互联网受骗的概率；第二步是结合焦点组访谈的结果，理解第一步所得的预测模型，并最终建构中老年人互联网受骗影响因素模型。

将各个变量进行标准化，经过多次逻辑回归分析，剔除不显著的交互作用项，最终确认中老年人互联网受骗的逻辑回归方程如表8-4所示。其中Exp（B）值在统计上称为优势比，表示变量每变化一个单位，中老年人互联网受骗的概率与不受骗的概率的比值所发生的相应变化。大于1表示会提高受骗概率，小于1表示会降低受骗概率，与1的距离越远，对受骗概率的影响越大。

表8-4 中老年人互联网受骗的逻辑回归结果（$N=800$）

	指标	回归系数	Exp（B）
社会经济地位	年龄	-0.110	0.896
	受教育程度	-0.308	0.735
	家庭收入	0.652**	1.918
心理需求	鸡汤文偏好	0.086	1.089
	保健文偏好	0.316*	1.372

续表

	指标	回归系数	Exp（B）
互联网愿景	互联网学习需要	-0.186	0.830
	网络环境安全感	-0.558**	0.572
	网络心态益处	-0.259	0.772
	互联网年龄限制	-0.162	0.850
行动能力	网络自我效能	0.299	1.348
	互联网融入程度	-0.216	0.805
	银行卡绑定情况	1.180***	3.254
交互作用	年龄×鸡汤文偏好	0.473*	1.604
	受教育程度×鸡汤文偏好	0.210	1.234
	家庭收入×鸡汤文偏好	-0.469*	0.626
	网络环境安全感×鸡汤文偏好	0.323	1.381
	互联网年龄限制×鸡汤文偏好	-0.306	0.736
	年龄×保健文偏好	-0.146	0.864
	受教育程度×保健文偏好	0.146	1.157
	家庭收入×保健文偏好	-0.514*	0.598
	网络环境安全感×保健文偏好	0.314	1.369
	网络心态益处×保健文偏好	0.343	1.409
	互联网年龄限制×保健文偏好	0.193	1.213
	互联网融入程度×保健文偏好	0.462*	1.587
	网络自我效能×保健文偏好	-0.476*	0.622

*** $p<0.001$，** $p<0.01$，* $p<0.05$。

从表中结果看，从变量单独的作用来讲，家庭收入、保健文偏好、网络环境安全感、银行卡绑定情况都对受骗概率有较大影响。家庭收入越高，越偏好养生保健文章，绑定了银行卡，受骗概率越大；网络环境安全感越强，受骗概率越低。年龄、受教育程度、互联网学习需要、网络心态益处、互联网年龄限制、网络自我效能和互联网融入程度对优势比也有一定影响。年龄越大、受教育程度越高、认为需要学习和深入使用互联网、认为互联网让自己心态年轻、认为互联网有年龄限制、互联网融入程度较高，受骗概率会降低；网络自我效能较高，受骗概率增加。总体上，从社会经济方面来看，受教育程度低、家庭收入高的调查对象受骗概率较大；从互联网愿景来看，持有开放愿景的调查对象受骗概率较低。不过，年龄限制这一指标有所不同，这一指标表现出开放性，也就是认为互联网没有年龄限制、年纪大也能玩好的调查对象，受骗概率反而较高，可能的原因是这样的观念使得中老年人在互联网上的警惕性较低，还可能是因为这样的观念使得调查对象对互联网尝试较多，遇到骗局的概率增加。从行动能力来看，互联网深入融入有利于降低受骗概率；但网络自我效能高会增加受骗概率，原因也可能是警惕性降低导致受骗可能性增加。同时，支付平台绑定银行卡的受骗概率较高，可能原因是互联网行动能力较强，互联网的体验更广泛和深入，面对骗局的可能性增多。

从交互作用来看，鸡汤文偏好与社会经济地位指标都存在一定交互作用，偏爱鸡汤文章不一定容易受骗，但是偏爱鸡汤文章的中老年人如果年龄较大、受教育程度较高、收入较低，受骗概率就会增加。同样，保健文偏好也与社会经济地位指标存在交互作用，偏好养生保健文的调查对象，年龄越小、受教育程度越高、收入越低，越容易受骗。此外，鸡汤文和互联网愿景指标也存在交互作用，偏爱鸡汤文的中老年人，网络环境安全感越高，越是认为互联网不受年龄限制，受骗概率越高。这一结果提示情感需求较强的中老年人，如果对互联网持有较为开放的态度，缺少警惕，受骗概率可能增加。保健文偏好则与互联网愿景和行动能力都有交互作用，偏爱养生保健文章的中老年人，越是认为互联网受年龄限制，互联网融入程度越高，网络自我效能感越低，越容易受骗。换言之，对于那些比较看重生老病死的中老年人，对互联网持有封闭性的愿景,会增加受骗概率。对网络自我效能自信的调查对象不容易受骗,而现实互联网体验深入的调查对象,受骗概率会增加,可能与其接触互联网广泛,遇到骗局概率提升有关。

总体来看,持有开放性的互联网愿景、行动能力强可能降低受骗概率,但也有因此而降低警惕性并最终受骗的风险,或是针对特定人群受骗风险较高,但没有必要因此让中老年人封闭地看待互联网或是不鼓励中老年人更深入接触互联网。根据焦点组访谈的结果,中老年人在互联网上接触较多的受骗类型包括点开免费领红包、赠手机流量的虚假链接或是虚假宣传,很多中老年人表示点开过虚假链接,但很快就知道了,现在都不点击了。也就是说,调查中的中老年人虽然可能因为接触互联网更广泛而遇到过更多骗局并有过受骗经历,但这些经历往往是发生在其刚开始接触互联网的时候,比如有的受访对象表示:"刚开始觉得什么都新奇,一看有红包领,就点开了,一看什么都没有,都是骗人的,现在都不理会了,看到就删除。"因此,受骗还是更可能发生在中老年互联网融入程度较低的时候,而随着互联网融入的深入,其防骗能力也会相应提高,更不容易被各种骗局困扰。有的中老年人表示在社区或社团的帮助下,已经安装了提示诈骗链接的软件,或是自己知道上网先搜索一下虚假信息核对真实性。整体上,互联网行动能力强、互联网接触深入本身并不会增加中老年人的受骗概率,对这些中老年人开展应对骗局知识和方法的普及,提高其风险意识,能够降低受骗概率。没有必要因曾经的一次受骗而让中老年人回避互联网或是因噎废食,这样可能更容易受到其他新骗局的影响,不利于防骗能力本身的提高。

根据上述理解,我们列出了中老年人互联网受骗影响因素的预测模型,如图8-3所示。受教育程度和受骗概率呈负相关关系,收入和受骗概率呈正相关关系,互联网愿景开放性和行动能力与受骗概率呈负相关关系，而风险意识起到调节作用，风险意识强，开放的互联网愿景和较强的行动能力才能有效降低互联网受骗概率。

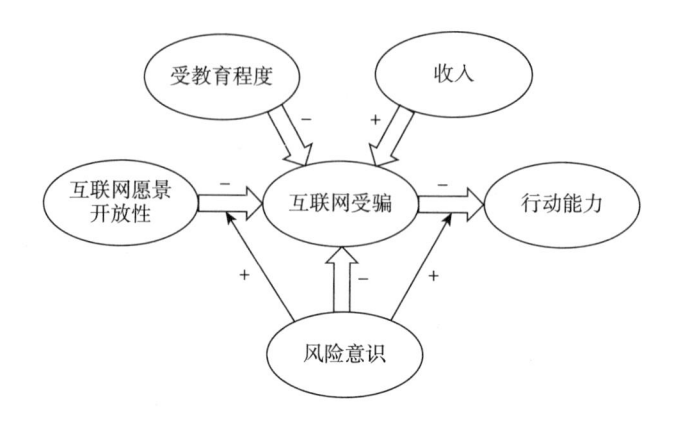

图 8-3 中老年人互联网受骗概率预测模型示意

二 中老年人表情包使用的社会心理内涵

（一）中老年人表情包使用的特点

在调查中，我们询问了调查对象使用表情包的一些基本情况，结果表明（见表 8-5 至表 8-7），67%的调查对象会在微信聊天的时候使用表情包。在这些人当中，超过七成的人会发问候类的表情包，比如早上好、晚安、表达关心的表情包；超过六成的人发过表示情绪类的表情包，如笑脸、生气等。超过半数的人认为同时具有图像和文字的表情包是好的表情包，这也是所谓的中老年表情包的主要特点，图片辅以"早上好""为我们的友谊干杯"等文字；另有将近六成的人以内容有趣来衡量表情包的优劣；超过三成的人喜欢色彩鲜艳的表情包。

表 8-5　微信聊天时，是否经常使用表情包（$N=800$）

微信聊天的时候，您是否经常发表情包	人数（人）	占比（%）
经常	129	16.1
偶尔	407	50.9
从不	264	33.0

表 8-6　您会发什么样的表情包（$N=536$）

您会发什么样的表情包	人数（人）	占比（%）
问候（早上好、晚安、关心）	421	78.5
情绪（笑脸、生气）	333	62.1
诙谐有趣的	196	36.6
其他	0	0

注：多选题，故比例相加大于100%。

表 8-7　您觉得什么是好的表情包（$N=536$）

您觉得什么是好的表情包	人数（人）	占比（%）
有图像和文字	305	56.9
纯图像	139	25.9
色彩鲜艳	191	35.6
内容有趣	320	59.7
有动画	148	27.6
其他	0	0

注：多选题，故比例相加大于100%。

（二）中老年人表情包使用的社会心理学分析

自表情符号出现以来，它迅速占领了互联网和社交网络的各个角落。加拿大多伦多大学的语言人类学教授 Marcel Danesi（2016）对表情符号的语义分析，认为在互联网时代，兴起了一种以表情符号为代表的视觉语言（visual language）。在一些媒体的报道中，甚至认为表情符号已经赢得了"词语之战",乃至具有成为国际语言的潜力(Danesi, 2016)。尤其是在 2015 年,历史悠久的《牛津词典》第一次将年度单词定为一个象形词(pictograph),认为表情符号"喜悦的眼泪"(tears of joy)不仅具有极高的使用频率,还最好地反映了 2015 年的社会思潮和情绪(Oxford Dictionaries, 2015)。严格意义上说,"喜悦的眼泪"这种表情符号与我们在微信中储存的各类表情包存在区别。这种来自日文 emoji(绘文字)的表情符号,在标准化后,进入了手机输入法的字库,和单词之间具有互译的可能。而我们大量使用的表情包或者动图,缺少标准化这一环节。它们来自不同的制作者,甚至可以经由用户根据自己的想法进行再创造,与前者相比更具开放性,且无法还原成简单的文字。

如果我们将表情视为一种语言,那么它必然会在不同群体间存在张力。尤其是在代际群体中,不同人群可以在这种视觉语言中建立属于自己的身份认同。事实上,在一些激进的社会理论家看来,这早已是一个图像化了的世界,影像成为一种真实的存在。在这幅世界图景中,人与人的社会关系以图像为中介建立(德波, 2017)。

一般认为,青少年是社交网络的主要用户,也是各类表情符号和表情包的拥趸。但是,既然将表情当作世界语言,那么它也应该对老年人开放。2016 年英国考文垂的一位老奶奶 Diane Hill 因为设计老年表情包而得到各大媒体的关注。她认为现有的表情符号无法反映老年人,尤其是 20 世纪 50 年代生人的需求,因而创作"老年表情符号"(elderly emoji)提交给统一码协会(Unicode Consortium),计划使之成为标准化的表达方式,同时可以顾及更多中老年互联网用户的表达需求。

在东方的语境下,如何考察老年人对微信表情包的使用,对研究者来说是一个相当大的挑战。在微信用户群中,不仅早就存在中老年表情包，它们还在美学上，呈现了互联网一股清奇的画风。在我们的焦点组访谈过程中，涉及表情包的问题，中老年受访者的回答本身就像一个难以译解的秘密。大多数受访者回答自己会发表情包，但是当问及发什么类型的表情包这一问题时，中老年人的回答变得模糊起来。在研究者的知识体系里，可能会把表情包分为人物、风景和文字等类型，又或者按颜色和形态进行分类。而受访者的回答可能是非常主观的——觉得好的！当你追问如何描述一个好的表情包时，得到的回答很可能是非常坚定的——就是觉得好的！有时候碰到特别热心的受访者，他会真诚地向你描述自己表情包发送的操作过程——"我是瞎点，反正我这个什么都没有，也没绑定，没这个没那个的，瞎点，有时候给发过"。

这种"迷之操作"，给研究者带来了极大的困扰。此外，也有碰到热心的阿姨，向我们展示她手机里划不到尽头的表情包。在细小的手机屏幕中，粗一看只是一些绿色的小方块。当看到大部分表情包由绿色自然配以早上好的文字构成时，这也是一个令我们感到困惑的时刻——"早上好"有那么重要吗？事实上，调研过程中碰到的这种迷之操作和困惑的时刻，同时也在促使我们反思研究之前的一些理论假设和立场，乃至对研究者的角色本身进行反思。

关于表情包的使用，前期我们得到的大多数回答可以归为"觉得好"、"有意思"和"好玩"。它们固然可以反映表情包本身的一些特征，但是作为符号以及背后可能衍生的意义，显然无法从这些简单的答案中得到解释（当然，从它们的美学特征上看，必然会引发不同年龄群体和社会阶层之间品位与旨趣的表情包之战，但这并不意味着这些符号在群体之间的相互排斥。例如，在年轻人的斗图行为中，中老年表情包成为具有改变画风能量的秘密武器之一）。我们甚至可以这样认为，躺在某个手机存储空间中的表情符号，其二进制的本体没有任何意义。只是在传播和使用的实践过程中，各种各样的意义才得以产生。换言之，躺在字典中的文字只是语言的化石，只有在使用的时候它们才具有意义。

这种在情境中展开的行动，需要行动者的参与，情境本身对于意义的产生也非常重要。于是随着研究的进行，我们也在方法上做出了一些调整。不再问老年用户会发什么类型的表情包，而是转问他们发表情包的场合与时刻。虽然"问候"与"早上好"是较为常见的回答，但是我们也在回答中发现了一些有趣的故事，这些故事揭示了"好玩"和"有意思"的表情包背后丰富的社会意涵。

以"早上好"为例，在微信群中对这类表情包的用法，其意义不同于日常生活中两个人发生在清晨或者上午的问候。在微信群中，除了问候的功能，它还可能是开启对话的钥匙，表达的是"我来了"的意思。前面那位收藏了很多"早上好"表情包的阿姨，谈到了自己加入高中同学群的经历。建群初期大家追忆往昔，非常新鲜和激动。于是在每个清晨，"早上好"的问候此起彼伏，看上去就像一场"早上好"的表情包大战。但是时间一长，随着要好的同学纷纷选择私聊的方式交流，这种表情包大战也慢慢失去了热度，但这些表情包总会在新的微信群和场合派上用场。

"早上好"的另一种用法，并不是为了开启某段对话。在问候的同时，它发挥了类似点名报到的功能，并应用在特定的场景中。在调研中，一位叔叔表示自己会在老年旅行团的微信群中发"早上好"的表情包，在一天行动开始之前，表示自己已经准备好了，其他老年旅友也会做出相似的回应。在这里，"早上好"的表情包实际上是老年人表达存在的一种很微妙的方式。这位叔叔直言不讳地告诉我们，老年人需要面对生老病死，"早上好"同时宣示的是"我很健康"。显然，在这种对生命和存在的宣示中，绿色的自然和生机勃勃的花卉或许才是最好的应景主题,它开启了新的一天,亦暗含了生命的隐喻,这依然是一个盛开的时刻。尤其是在汉语语境中,对生老病死的表述常常需要采取较为婉转的方式。而这些绿色的表情,在一定程度上成为互联网时代老年人的表达方式。

但是,并非所有的老年用户都可以熟练掌握表情包的操作。在哈尔滨的一次访谈中,一位阿姨给我们回忆了自己"惊心动魄"的表情包经历。在她生日的时候,有亲戚在亲友群中给她发了一个红包。她也准备回以一个感谢的表情包。结果"不知道怎么地",就点了一个"你嘚瑟啥"的表情包发到群里。在迷宫一样的表情格中,这次误操作顿时让这位阿姨紧张起来。在她看来,这种回复是对亲友好意的极大不尊重。于是赶紧打电话给对方,解释刚刚发生的误会,直到得到对方的理解后才放下心来。

在这个案例中,我们可以发现表情包在日常互动实践中才得以发挥出社会能量,否则它只是操作栏中的一个普通符号而已。与年轻人不同,在成熟的中老年社会关系中,萌贱的表情包或许缺少一个容身之地。而它的偶然激活,作为一个规矩破坏者,恰恰反衬出了亲友社会关系中那些稳定的规则与禁忌。

此外,还有一群制作表情包的老年用户值得我们关注。在东部城市的调研中,我们一度认为自己接近了中老年表情包的源头。这群老年用户积极主动地拥抱互联网,学习智能手机的各种应用和相关操作。编辑视频、制作相册和表情包对他们来说没有任何难度。因而在问到一些微信操作问题的时候,他们大多以"这个太简单啦""这个太小意思"作为回答,反而让我们有一点不知所措。老年用户是互联网被动使用者甚至是弱者的假设在现实面前一触即溃。

另外,他们制作的表情包在美学上也非常符合中老年表情包的特征,大多采取图片配文字的方式进行。图片多来自他们的日常生活,有的甚至会把自己的照片做成表情包。这些朴素的表情包或许并不符合年轻人的审美，但是对老年用户而言，它们的意义已经超过了表情包本身。在学习和制作表情包的过程中，他们慢慢溶解了互联网世界中的年龄高墙，以一种独特的方式跨过这条数字鸿沟。那些五颜六色的中老年表情包，不正是他们向这个世界发出的友好问候吗？

第九章　中老年互联网行动愿景的定性分析

本章主要论述中老年互联网生活的行动愿景及影响因素分析。首先，对互联网的使用进行一个总体画像，从中我们可以看到，中老年人的社会经济地位固然起到很重要的作用，但是行动愿景，即中老年人对待互联网的态度、认知与理解，也起到非常重要的作用，并且在很多情况下可能更具有解释力。根据第二章的理论框架，本章也将从互联网的行动愿景和信息能力两个维度，来理解中老年人的互联网生活。在此基础上，我们将对中老年人的行动主体类型进行划分，即具有完全自主性或者不完全自主性。最后，本章会讨论中老年人使用互联网的行动愿景的影响因素，包括外部环境因素、中老年人自身的社会经济地位因素以及中老年人的心理机制。

一　中老年互联网生活画像：行动愿景如何具有显著性

普遍来讲，老年人或多或少感受到随着年龄增加而带来的力不从心，主要是指身体上、智力上和代际差异方面。无论是在哈尔滨，还是在江浙地区，养生、正能量都是老年人经常提到的关键词，区别只是程度而已。哈尔滨 G 大学的老教授们提到在微信上看"传递正能量的东西"，哈尔滨郊区村委会的叔叔阿姨表示"会看些正能量的文章"；不仅机关和事业单位退休的老年人喜欢提正能量，其他的老年人也会提到这个关键词。比如，在哈尔滨 F 小区（这是一个典型的国企工人社区）的座谈会上，老年人也提到了喜欢看正能量的东西，并且这样解释什么是正能量：

问：您说的好文章、正能量是什么内容呢？

答：比如儿女孝敬老人，公共场所的公共道德问题。

（哈尔滨 F 小区第二场）

在上海的座谈会上，老年人对正能量的理解有些不一样，与日常生活结合得更加紧密。由于有较高的信息能力，上海的老年人会将正能量与虚假消息相对应，而对于正能量的填充包括健康、感情等激发老年人活力的一些能量。一个典型的例子是，有的老年人关注如"小燕正能量"这种鸡汤类的公众号，与哈尔滨的老年人所理解的公共道德有所不同。

问：大家一般（在微信上）会发什么样的内容？

答4：就是健康的内容。

答1：什么都有。

答4：健康什么都有的。

答5：通知、慰问，身体不好的慰问。

答4：都是好的、正能量的。

答5：一般像外面传的消息都不发的。

答4：我们都发正的信息。

答2：我们都是发好的东西。

答5：朋友之间身体关心。

答2：乱七八糟的不发。

（上海公益新天地第四场）

老年人在互联网使用中的另外一个共同点，就是对于养生的关注，包括购买保健品、接收养生类的知识、听各类养生讲座和课程以及加入养生和医疗类的微信群，信息能力更强的太仓和上海的老年人则会使用智能手环和智能秤等硬件设备，来监测自己的健康状况。

我们也显著感受到了地域和社会经济地位带来的差异。上海的老年人普遍信息能力更强，尤其体现在对谣言的识别能力上。此外，上海老年人用的硬件的质量更好。哈尔滨老年人所使用的智能手机多为儿女淘汰下来的，或者比较便宜的产品，而上海的老年人大多使用自己或者儿女特地购买的智能手机，有的是比较新款的 iPhone 6 手机。接受访谈的老年人中，有的甚至作为老师讲解如何使用智能手机，他们特别提到，希望老年人使用新的智能手机，而不是子女淘汰下来的，因为子女淘汰下来的手机款式老、速度慢、内存小，非常影响老年人对智能手机的学习和使用。

即使同在哈尔滨，我们在不同社区访谈的发现也是不一样的。比如哈尔滨 G 大学的老教授们，网络购物的比例比较高，对谣言的鉴别能力也比较强，使用互联网的方式和兴趣都比较广泛，关注点不局限于养生和保健品。而在几个社会经济地位较低的居民社区，被访者普遍没有网络购物的经验，很多没有使用过网络支付，有的加入了一些养生和卖保健品的微信群，并且自己或周围人受骗的经历也比较多。

但是人们的态度、认同甚至性格，对互联网使用也具有显著影响。其实，很多接受访谈的上海老年人，文化程度并不高，收入也只是属于中等水平或者更低，有的退休前也是工人，他们在当地的社会经济地位与哈尔滨和太仓几个社区的老年人的社会经济地位大致相同。

对于互联网，哈尔滨的老年人更多地表达了一种焦虑、不信任及保守的态度。比如，认为"网购总是伴随着上当受骗"或者"觉得不安全"，绑定银行卡扫码之后"担心自己银行卡上的钱被转走"。太仓老年人的信息能力稍强，但也伴随着一些自我感觉落伍的心态。X阿姨打扮、用品都很时尚，却经常提到"我们这一代不像他们年纪轻的""我们这一代太落后了"。

相反，上海的老年人心态普遍比较开放，认为"微信老年人都想学，好像深奥，但真的想学还是能学会的""在座的老年人比较容易接受网络""兴趣是最重要的"，甚至表达了一种自豪感——"你们年轻人不一定比我们玩得好"。在这种互联网行动愿景的影响下，上海老年人的互联网使用能力，是超出我们的预期的。在我们请被访者做自我介绍时，老年人问我们，是用真名还是网名，说明他们已经非常习惯互联网时代的交往方式，真实与虚拟、线下与线上、实名与匿名等多种情景交织。而在我们问到常规的互联网和智能手机功能使用的相关问题时，老年人们显得非常不耐烦，没等我们的问题描述完，就不停地点头表示已经熟练掌握。

二 中老年行动愿景类型

本节将重点讨论中老年人的行动愿景类型。本书认为中老年人在互联网的使用中，各种行动和选择背后，所蕴含的是一个生活与互联网交织在一起的意义世界；互联网作为一个"在那里"的世界，如第二章指出，在连接了互联网世界后，中老年人的行动愿景（vision），即对意义世界的想象和理解，影响了他们的行为和选择。本节将从对互联网世界的想象和对生活世界的想象两方面，来讨论中老年人的行动愿景。

（一）互联网世界的想象分类

第二章提到，中老年人对互联网的理解和想象可以分为开放认知和封闭认知两种理想类型。开放认知指对日常生活中的科技和新事物保持积极和开放的态度，有意识地去学习和掌握互联网技能，认可互联网给日常生活带来的积极影响，以及它在老年生活中可能扮演的赋能者角色。封闭认知指对日常生活中的科技和新事物持谨慎和怀疑的态度，认为互联网是一个充满风险和不确定的世界，对掌握基本的互联网技能缺少信心，为了规避风险而采取保守性姿态。

1. 开放型的想象

（1）网络带来便利

互联网给中老年人的日常生活、沟通联络以及文化娱乐等方面带来了便利，这点被很多被访者提及。对于还在工作状态的中年人来讲，普遍认同微信有助于提高工作效率，但是也认为有了微信之后反而更忙了。对于日常生活来讲，互联网和智能手机给中老年人查询信息、购物、支付、社交以及医院挂号等都带来了便利。

网络给生活带来便利最典型的例子是在哈尔滨 P 村的座谈会上，与城市社区被访者对网购的质疑态度相对比，村里的中老年人反而对网购能达成一致——虽然偶尔会碰到一些虚假宣传、"摸不着"的问题，但对大多数卖家还是比较信任的，并且认为网购的确为生活带来了诸多便利。

问：大家或多或少都有一些网上购物的经验，都在网上买什么了？

男：我就买裤头、袜子。

男：现在家里使的纸抽、卷纸、小东西，包括养狗的狗粮，都是姑娘在网上买。

问：在网上什么地方买？

男：这个我不太清楚，都是我家姑娘买。

男：一般在淘宝买。

男：淘宝，还有京东。

男：我不买。

男：我一般买车上能用的。

男：电器。

问：都在什么网站买？

男：京东和淘宝。

问：哪个买得多？

男：电器一般在京东，买衣服都在淘宝买。

问：自己下单以后就付钱了？

男：对。

男：你得看看你穿什么码合适，付完钱三天到货。

男：其实挺方便，网上买的比实体店的便宜。

男：京东有一样好处，货到付款，给你送到家。

（哈尔滨P村第一场）

村民比市民更热衷网络购物当然也与客观地理原因有关，网络购物省去了农民要去镇上赶集和运输货物的麻烦。

男：现在商家还是诚信的多。

男：在网上买电器产品，大型的，或者几千块钱的，它的售后服务好。我在网上买过电视，回来你不能打开箱子，你可以接收，然后厂家给你安装，打开一看屏碎了，还没有支架，我就投诉了。京东没有同一个型号的了，就跟我商量，换不换？钱已经给退了，我说再换一个品牌也行，就换了，他来了给装。

问：买家电可能在村里比较方便，要不然还得去镇上。

男：给你送到家。

问：以前是不是都得去镇上？

男：都得去。

男：以前还得雇车，现在先进，省事。

（哈尔滨 P 村第一场）

互联网不仅在消费方面给村里的中老年人带来了便利，也在扩大生意渠道和沟通方面显示了强大的功能。P 村的 Z 叔叔是养牛专业户，有过在网上卖牛的经历。他说自己的微信上有一个"牛群"，他会将牛的照片用微信发给客户，看图谈价钱。后来我们看了 Z 叔叔的智能手机，发现并非微信群，而是 Z 叔叔将牛的照片发给中介，再由中介在朋友圈转发买卖信息。虽然 Z 叔叔并不是特别清楚微信群、朋友圈的区别，但是明显受益于借助互联网进行的养牛信息沟通和交易。

（2）"想学还是能学会的"

这种积极的互联网认知在太仓和上海的中老年人中更为显著。在太仓的 Q 社区（拆迁安置社区），S 叔叔分享了自己学习智能手机和微信的心路历程，挺有意思。看到别人用智能手机看书法和篆刻时文章能放大，很是羡慕，于是自己也开始学习，方便了和别人的交流。当Z阿姨感慨社会的快速发展，表示感觉自己被时代淘汰了时，S叔叔表达了不同的意见，认为微信老年人都想学，好像深奥，但"真正要想学的话，也并不是什么太难的事情"。

问：您是在什么时候开始用微信，谁教给您的？

S：原来我出去旅游，拍得很好的那些字画，拍下来以后不能放大；他们（用微信）能放大，一放大就能看清，好的文章都能照下来，我就开始学了。学了这个微信以后，我觉得非常方便，有的时候打个电话，对方忙，或者我手机没有在身边，不方便，但是通过微信我发出去消息以后，他就看到我了，就回我了；还有视频，我觉得非常好，就跟人家学习。

S：实际上微信，老年人都想学，他们都羡慕，想学，好像是很深奥的，但是我觉得真正要想学的话，也并不是什么太难的事情，只要不怕学不会就可以了，怕买了一个智能手机不会使用，像我们老年人还是可以用一下的。

问：向别人问的时候有没有担心别人没有耐心什么的？

S：像我一个朋友也是担心，没有人教他，我说你去买了以后，我包你一个星期就可以简单使用了，实际上只要多练多操作肯定会使用的，跟驾驶员一样。

（太仓Q社区S叔叔，73岁，退休前做财务工作，中专学历）

虽然哈尔滨也有中老年被访者表示了积极的态度，但并不占主流，比如在P村的Z阿姨和养牛大叔表示"很愿意学习微信的新功能"。大部分被访者还是被动接受或者不愿意花精力学习。

>问：我们现在掌握的这些微信和手机的功能都比较有限，有没有觉得还需要学习更多的东西？
>
>男：从眼前来说，够用的就完事儿，也没工夫研究别的去，等你把功能都搞明白了，可能这个电话又该淘汰了。
>
>问：大家用微信有没有觉得什么功能不方便？
>
>男：应该都是在（边用）边学的期间，实际上功能很多，但我们掌握得实在不算多，只是从眼前来说能应付过去、能用上的就用，其他功能也没时间研究，不用。
>
>男：我也整不明白。

(3) 互联网是"社会发展趋势"

虽然很多中老年被访者也理解互联网是社会发展趋势，但更多表示出一种被时代淘汰或者落后于时代的失落感。然而，我们在上海的访谈发现，更多中老年人认为自己顺应了并且受益于这种社会发展趋势。

我们在坐落于徐汇区的公益新天地组织了几场座谈会，被访者大都来自一个老年社会组织——老小孩。被访者都比较容易接受互联网，同更年轻的中老年人相比，70岁以上的老年人担心更多，但表示也不能避免使用支付宝或者微信支付，认为这是社会发展趋势。

>问：阿姨，刚刚开始使用支付宝，或者是微信什么手机银行，跟银行卡绑定的时候，会不会有点担心？
>
>男2：肯定有的，我大概绑定了一年多吧，支付宝绑定了一年多吧。
>
>问：现在还有这种担心吗？

女3：有，但是我跟他们老人说的，我们上海不是有一个老人的老年卡嘛，每个月给我们多少钱的，我就跟他们说，你们拿这个去绑定手机银行。

问：就简单了。

女3：里面的钱少，我跟他们说的，但是老人不可能避免用支付宝，不用微信，是不可能的，因为这是社会发展的趋势，一定要学会。

（上海公益新天地第二场）

中老年被访者认为使用智能手机和微信以后，心态年轻很多，言语之间对自己使用智能手机非常自豪。

问：各位用智能手机之后，会不会觉得心态比之前年轻很多？

女4：那年轻很多了。

问：有什么感觉？

女4：像我们这里边的人，基本上每个人都是很自豪的，因为别人问我们，我们都会解答，就是这种感觉。

男2：感觉像专家级别。

男1：谈不上专家，反正不落后。

女4：比如在外地上班什么的，人家说你在跟谁聊天？说跟我妈，人家说你妈会电脑？人家小地方都不会电脑的，零几年的时候。

男2：我现在都用支付宝付钱，蛮潮的。反过来说，我就不能用了吗？我年纪很大了吗？我们就不能用了吗？我会反问。

女3：像现在的小孩就说，"老妈，行了嘛，都不用担心了"。他们会的东西我们也会。

(4) 兴趣最重要

相对来讲，哈尔滨的中老年被访者更认同受教育程度对互联网使用能力的影响，而太仓和上海的中老年被访者总体更倾向于兴趣的重要影响，而学历、年龄等因素的影响相对没那么重要。在他们看来，即使用户是中年人或者学历很高，如果没有兴趣，可能就满足于"老年手机"，而无法享受互联网带来的乐趣和便利。

问：这位阿姨，像您玩得这么好，您是什么文化程度？

女3：我是高中。

问：这里的叔叔阿姨呢？

女4：这个怎么说呢，其实也是跟兴趣有关系，因为我老妈已经80岁了，讲到后面她也就是高小文化程度，她现在微信照样玩。为什么玩，因为我说可以手写，她说，啊？手机有手写功能？她有这个兴趣，她说那你教我，我就教她，怎么打开，把她的设置拼音变成手写，我教给她手写以后，她现在是发短信的，一会儿工夫，没什么事，她就试试看，发给你了没有，都发了，那好，到了第二天早上，她又来一个，试试看她忘记了没有。

女3：其实还是跟兴趣有关系的，有兴趣了样样都想做，我现在去一次他总归是要问我的，有些什么新的花头？关键还是要靠兴趣。因为我们那边五十几岁的人，就是没兴趣的，就是不要学，就用老年手机。

（上海公益新天地第二场）

问：你觉得玩儿手机玩儿得好不好是学历的原因还是年龄的原因？

答：跟性格也有点关系。

问：可能这个老年人小学学历，但是他挺喜欢这个。

答：对，照样能学会。

问：即使是教授，他不喜欢这些东西，可能用得还不如一般人。

答：对，不感兴趣，跟兴趣有关系。

答：我妹妹说，"属我小学学习不好，现在属我整得明白"。她整得可明白了，60多岁，没有不会的，这些问题你们要问她，她都能答得上来。

问：她就喜欢？

答：人家就喜欢这个。

问：喜欢新鲜事物？

答：新的，什么事人家都研究。

（哈尔滨Y小区第一场）

（5）"活得很充实"

在兴趣的指引下，很多中老年人表示互联网让自己的生活"很充实"。上海的X叔叔每天写一万字的小说，结交了天南海北的笔友，笔友之间互相邀请做客，X叔叔说自己虽没有很多收入，但笔友也是"资源"，所以去了很多地方旅游。在上海的座谈会上，很多老年人要带孙子，时间不是很自由，但仍然挤出时间参加各种活动，用他们的话说："老有所用，活得很充实。"

一个典型的案例是阿木林（网名）阿姨，之前在贵州工作后退休，收入并不高，但是接触互联网之后找到了生活的乐趣，每天都发博客文章，主要是心情和游记等，说"每天不写都不舒服"。座谈会之后我们都会与被访者建一个微信群，基本每天上午都会收到阿木林的博客链接，看到阿姨丰富的旅游和社交活动，心里很是羡慕。阿木林阿姨也讲述了自己从学习互联网到教别人用互联网的过程,认为互联网不仅为自己的生活带来了乐趣,很大程度上也通过为别人服务实现了自己的价值。

> 阿木林:我住在奉贤乡下,我一个人养了一条狗,平时不参加大型旅游活动,一天的都可以,当天出去当天回来。我现在每天写一篇博客,就是走遍上海,我的心愿就是我能够很健康地走遍上海的每一个角落,就觉得有一种满足。上海走不完的,今天走了,明天又改样了,我都不认识。我是老上海了,很多地方我现在还不认识。所以我觉得我是上海人,后来一直到贵州,我都很爱上海,现在我回来了,我都觉得要珍惜这一点,所以我就写走遍上海的博客,我现在写到296集,前一年我就写路漫漫,就写自己的百姓家事,我觉得在老小孩网站里面学习以后,大家都是我的老师,我就会写了。
>
> Z阿姨:现在她是我们这里的佼佼者了,因为她有时间在家里,我们有的时候还出去活动,没时间。
>
> 阿木林:他们都是我的老师,没有一个不是。
>
> Z阿姨:你现在可以做我们的老师了。
>
> 阿木林:我老了以后,老小孩网站要我出来做志愿者,哪怕我老一点了,但我觉得我还是随叫随到,希望能为老小孩网站浇一点水,做一点事情。我觉得我现在很充实,活得很开心。所以为什么叫阿木林呢,叫阿木林人家认识我,叫我本名没人认识我,我觉得有一种老有所用、老有所学的感觉,真的是这样。
>
> (上海公益新天地第一场)

很多研究强调老年人作为"消费者"被互联网赋能,但是往往忽略老年人作为"生产者"借助互联网所发挥的赋能作用。在这群互联网使用能力较强并且被一个集体联结起来的中老年群体中,我们深刻地感受到了这一点。

> Z阿姨:我介绍一下我的网名,我的网名叫璀璨,就像钻石一样璀璨,让每个人都璀璨,这是我的愿望,这是我退休下来第一个想法,就是让自己发光,能够分享大家的光。告诉大家一个信息,我58岁才学会开车,那是为我退休活动做准备的。

(上海公益新天地第一场)

2. 封闭型的想象
(1)网络"伴随着上当受骗"

访谈发现,特别是互联网能力和信息能力较弱的中老年群体,更加焦虑互联网安全问题,经常在一个操作之后长时间感到不安和焦虑,认为上网"伴随着上当受骗"。比如在哈尔滨F小区,老年人普遍表示没有绑定银行卡、没有开通移动支付,更是恐惧扫二维码支付,"年纪大了,再一个现在社会骗子太多了,所以怕上当","就怕上当,怕一点错了咋整","电视上说过,扫了二维码的,你的钱全没了"。

X阿姨讲了一个故事,和朋友去爬山口渴,但是没带足够的现金,还好后来有路人帮忙扫码支付买了水解渴。虽然羡慕高科技带来的便利,但是仍然担心被骗,表示不会主动学习移动支付。

> 去年我们同学聚会出去玩儿,上千山,爬千山,我们带的水少,我们谁也没想到爬那么高的山,结果带水带得少,走到半截了(碰上)卖黄瓜的,你说一根黄瓜多少钱,一看我们是外地

的，朝我们要5块钱。5块钱我们不干，这帮人咋舍得买那个？后来他们有扫码的，康师傅的水，说阿姨、叔叔，你们扫码就有。我们说谁会扫，谁也不会扫。有一个小小子，可能也是领着孩子出去玩儿的，他给孩子扫了两个，一看我们不会扫，我们这帮人说行了，别喝了，渴着往上爬吧，这个孩子就说，阿姨，我给你们扫两瓶吧，他用他的手机给我们扫了两瓶。我们这帮人就说，你看咋弄，也不敢扫，再一个也不会扫，怕（被骗）。

哈尔滨的Y阿姨在微信绑定银行卡之后，用微信支付花了1.5元买了一瓶矿泉水，但是买过之后，心里一直忐忑不安，总是担心自己银行卡上的钱被转走。

问：您用微信付过？

答：付过一次，一块五毛钱。

问：那您微信里应该还是有钱的。

答：有钱，零钱。但是那天我发红包，要我密码，不给密码就发不出去，我就把密码按了，按完就发出去了，我的天哪，我的心跳得怦怦的。

问：生怕会受骗？

答：对，因为我的银行卡绑在手机上了，我这心跳怦怦的，赶紧给我儿子打电话，我儿子说你就乱用吧，到时候你就该吃亏了。我说能吗，他一吓唬我，我一下午没得安心。

（哈尔滨Y小区第一场）

虽然本书的研究初衷就是防止中老年人在互联网被骗上当，希望提高中老年网民的网络安全素养，但是访谈发现很多中老年人的"自我保护"意识其实很强，甚至有些"矫枉过正"。

哈尔滨的 Z 阿姨有次帮一个年轻小伙付了公交车费，小伙子要微信转账还钱给 Z 阿姨，但是被 Z 阿姨坚决拒绝了，担心钱会被转走。Z 阿姨带着劝告的语气说，不要相信有些商家做的扫码送礼品的活动，会贪小便宜吃大亏等。T 阿姨也说自己虽然网购，但是有着很强的"安全"意识，在买过东西之后会删除购买记录和快递信息，说这话的时候，其他阿姨显得有些惊讶，小声称赞 T 阿姨考虑周全。这样强的"防骗意识"说实话让我们研究者这些"老网民"也汗颜，没想到网络购买记录也会成为安全隐患。

这些自我保护意识可能还无法真正成为防止被骗上当的有利因素，因为结合被访者的互联网使用能力，根本上还是由于对互联网使用能力的不自信产生的焦虑，反而会将中老年人推向另外一个极端——互联网的"自我边缘化"。正是由于互联网能力较弱，对这些新科技不熟悉、往往存在恐惧心理，从而更加焦虑，而这些焦虑也阻碍了对新科技的尝试，从而阻碍了互联网使用能力的提升。

相反，如果愿意去尝试新科技，哪怕是非常谨慎地尝试，也会享受到互联网带来的生活红利。这点在太仓的访谈中体现得非常明显。太仓老年大学的座谈会上，几位老年被访者都表示不敢用网络购物，觉得不安全，但是觉得微信红包（包括微信零钱）比较安全，或者绑定一张存款不多的银行卡，也是比较安全的办法。比如 S 叔叔说自己"胆子比较大"，表示自己密码别人不知道就行了，单独绑定不超过 1000 元的一张卡，会在网上支付各种费用。

问：各位叔叔阿姨有没有在网上消费过，用网络购物这些东西？

女1：这个我就是不会弄。网上支付宝我不学，为什么不学呢，因为现在骗子多，怕弄不好被骗，但是我用红包，因为有一年学生发红包我抢了很多钱，我说那我抢钱不好意思了，我得要发啊。我媳妇来了我说这里没钱，她就帮我打进300块，我就会发红包了，现在我收的红包主要就是三八节、过生日儿子媳妇儿给的，不管给多少都表示对你的惦念、尊敬，所以我现在就用红包。

女2：这个我也想学会它。

问：红包还不会是吧？

女2：没弄过。

女1：因为红包的钱丢不了。

S：我是对网上购物很有兴趣，网上支付，现在我习惯了上街不带钱，你到哪些地方吃东西、到超市买什么都是用微信，只要是刚开始的卡搞上去不要丢了（就没关系），但是我的胆子比较大，绑了以后自己的密码不要给人家知道。

问：其实叔叔把银行卡绑定自己微信了？

S：我多办一张卡，这张卡不要超过一千块用来微信支付就可以了。

问：叔叔是这么去用微信支付的？还有支付宝的？

男：刚开始支付宝。

问：其实是自己重新办了一张卡。

女3：我也是想重新办一张卡，因为你银行卡里就存这么多钱，一千块钱用完了再存一千，别人给你诈骗也诈骗不了。

（太仓老年大学）

(2)"没隐私所以不担心泄露"

和上文过于强烈的防骗意识相对，很多中老年人表现出了对个人信息保护方面的不重视。这点从北方到江南，被访者都表现出了较高的一致性。在上海的座谈会上，被访者表达的心态比较有代表性，"我们又不是大款，暴露了就暴露了"，而且认为个人信息是"没办法保护的"。

> 问：还有一个问题可能跟信息安全有关，像大家用手机，也登录这么多网站，注册这么多账号，有没有担心个人信息泄露的状况？
>
> 答2：这个有。
>
> 答4：担心归担心，现在哪个人的信息没有泄露，任何场合买什么东西，这是公开的秘密。
>
> 答1：银行里面你去存款他都把你的信息卖掉，我们这个算什么信息，我们又不是大款，暴露了就暴露了。
>
> ……
>
> M：个人信息觉得现在其实都控制不了，能够采取什么措施保护一下这些信息？
>
> 答5：没办法保护的，保护不了。
>
> （上海公益新天地第四场）

这可能一方面由于中老年人的个人信息保护意识不够强，另一方面也反映了外部环境的不完善，如果没有制度化、规范化的信息环境，个人所采取的保护措施的确很大程度上是徒劳的。

（3）对网络的厌倦

调查中发现，被访者也会对互联网表现出厌倦情绪，主要针对网络上的垃圾信息、重复性信息，以及一些八卦新闻，在互联网使用能力较强的中老年群体中更为明显。

在哈尔滨 G 大学的座谈会上，J 叔叔说自从王宝强事件之后，自己就不再关注娱乐圈的信息了，对赵本山这样的人物也失去了兴趣。W 叔叔也接茬吐槽说有的微信群垃圾信息很多，认为像每天发些"早上好"这样的信息有些无聊，浪费大家的精力。

答：所谓的厌倦从哪儿来的呢？一开始新鲜，看哪个帖子都想看，看什么都想看，结果看来看去基本上都说得差不多，都是那些玩意儿，逐渐地新鲜感就没了，没兴趣了，所以也就看得少了。这些东西都是千篇一律的，发的东西都差不了多少，有的就把题目改一改，就是没新鲜感了。

问：你看的主要是什么内容？

答：什么都有，包罗万象，生活的、政治的、娱乐的，各方面的。

问：以前那些信息再重复阅读，类似的可能是一样的信息，这是你讨厌最多的？

答：对，看了以后耽误时间，还什么都没有。

……

答：对。我的战友里有个叫 XYH 的，什么都发，一天他得发十几项二十几项，看它干啥？就这么的，所谓厌倦感，这些人来的也有，有用没用的都发。比如印军撤了，中国是赢了还是输了，你看它干啥？肯定是赢了，他还评论说赢了。

……

答：我是抵触的，厌倦也好，反感也好，我有个抵触行为，我是从去年文艺圈当中，演艺界王宝强开始，我从那时候开始厌倦的。因为王宝强的消息铺天盖地，从天亮一直到天黑，总是这个内容，包围了，后来干脆不看了。

问：你是不看娱乐的还是所有的都不看了？

答：娱乐圈的我是不看了，包括一些评论，刚才说的对印军的评论，我也不看，觉得讨厌了。我现在关心的就是健康的内容，乐观地看，要面对自己的后半生，看这样的东西，如何关心年轻人的成长。

（4）自我感觉"太落后"

与前文积极的行动愿景相反，访谈中很多中老年人表示学习这些新科技很费劲，认为自己年纪太大学不会了，落后于时代，但事实上并非年龄较长、受教育程度较低的人群才会出现这些心态。比如在太仓的Y社区，几位年龄五十出头的中老年人表达了这种认知，这组的互联网使用程度较低，网络支付的使用比例也很低。

很突出的是X阿姨，刚刚50岁，外表和打扮很时尚，却说过好几次类似"我们这一代不像他们年纪轻的""我们这一代太落后了"的话。L叔叔58岁，看着比实际年龄更年轻，却也在言谈中表示落伍了，笑着说"我们这个年纪的都是文盲"。

哈尔滨F小区的老年人也表达了这种态度"要说学，我们这个年龄记忆力也不成，要真是学费劲"。

（5）网络依赖

中老年被访者或多或少都提到了对网络或智能手机的依赖。太仓的M叔叔（66岁，初中文化，电工）说，"上厕所要拿着（手机）"；C叔叔（63岁，高中，退休前是工人）说手机落在上海装修的房子里，还要特意回去拿。按照H叔叔的话总结，"微信就是生活中的味精"。S叔叔表示不带手机不是担心别人打电话，是担心漏掉了微信的信息，希望以后出门都不用考虑流量问题，像义乌一样，到处都能上网。这反映了互联网基础设施的完善是对老年人赋能的一个重要环节。

也有中老年人表示对手机的依赖给生活造成了某种程度的困扰。上海的T阿姨使用智能手机的能力比较强，微信好友有350多个，提到手机也有不好的地方，对身体也不好，自己试过不用，但是戒不掉，手机一个小时不打开都受不了。访谈中有中老年人表示自己微信朋友圈发帖和浏览的频率比以前低了，比较费精力。

大兴农村的访谈中，被访者提到村里一位阿姨用全民K歌唱歌上瘾了，她的动态显示都是凌晨发自己录制的歌曲，有次把村委会暂时用不到的音响拉到了自己的家里，想要唱个够，但是老伴有心脏病，而且做过几次心脏支架手术，听不得太吵的声音，为此两人还大吵一架。座谈会上，其他中老年人认为"不要沉迷""夫妻两人需要互相体谅"。

（6）对陌生人交往的排斥

典型的是在农村社区的访谈中，中老年人在互联网的人际交往中对陌生人或者亲戚朋友之外的社会关系的排斥。当然这并不完全是一件坏事，至少对于抵御网络安全风险有很大程度的正面作用，却在某种程度上反映了农村社区的保守心态。互联网社会兴起的重要特征之一就是相对传统社会的交往匿名化及互动陌生化，这些特征对于增加信息渠道、拓展社会交往具有积极作用，因此，这种保守心态可能阻碍受访者对互联网的融入或对互联网的有效利用。

在北京大兴农村的座谈会上，我们问大家有多少微信好友，L叔叔脱口而出"没有"，我们进一步问微信好友里是否有家人，则立马给出肯定的答案。所以，L叔叔理解的"好友"不包括家人，也不包括认识的人，而专指"陌生人"。这样的推测在后面得到进一步的验证。在回答了微信好友里有家人之后，L叔叔紧接着说到，自己被许多人拉黑过，当问到因为什么原因被拉黑时，L叔叔迫不及待地说

"我坐不更名,行不改姓,微信也用自己真名,别人加我,我问对方真名是什么,后来就把我拉黑了"。说这话的时候义正词严,可以看出来他为自己的正直坦荡感到自豪,还说自己以后再也没有同意过陌生人的好友申请。这话可能是真的,因为后来建微信群发红包作为酬劳的时候,L叔叔并不情愿加进访谈群,并表示红包可以不要。

在大兴农村的另一组座谈会上,G阿姨很严肃地说自己的微信上面并没有"社会人",结合当时的语境,不难理解所谓的"社会人"其实就是指陌生人,添加陌生人为微信好友似乎有着另外一层意思:安分守己的人是不会这样做的。可做这个推测的支撑之处是以下两点。第一点是在聊微信好友的话题时,经营小卖铺的L阿姨说像他们这个年龄的人是不会有秘密的,年轻人才会有秘密。为什么在讨论微信好友的话题时会扯到"秘密",简化一下表达:微信好友=秘密!第二点是上一组L叔叔对"微信好友=陌生人"的认知,合并以上两条论据,谨慎得出:微信好友=陌生人+秘密。他们之所以愿意大声告诉别人自己的手机没有秘密,潜台词是自己除了家人、街里街坊之外,不认识一些和自己毫不相干的陌生人,也不想认识,这样封闭的稳定是被舆论所鼓励的,是被认为踏实过日子的。相反,有很多微信好友的人,当然这里的好友是他们所理解的"陌生人",被认为是不安分的。

这或许和防止互联网诈骗的动机有关,但也和农村比较保守的人际交往文化有关。与之对应的则是上海城市社区的中老年人,很高兴提起自己的网名、网友和笔友,并自豪地称这些陌生人为自己的"资源"。X叔叔54岁,中文系毕业,爱好文学,经常在互联网发表自己的作品,以文会友:

……我是实行旅居式养老方式,如果我利用我的资源,我的人脉,因为我在网上有不少人脉,全国都有我的网友、笔友,所以他们会邀请我去。我到湖南湘西参加湖南湘西辽州农耕文化节,也是他们邀请的,邀请了到那个地方我们笔友会招待我什么的,他们带我去旅游。所以好多网友、笔友都叫我到他们那边去,上海天气又热,白天跟晚上都一样,冷的时候家里面跟外面一样的,所以有时候受不了。因为我青海那边都有笔友,山西也有笔友,你到我这里来,我一家农家小店给你,所以从明年起我就避开,夏天的时候往北走,冬天的时候往海南岛那边走,因为我那边有点好处就是有笔友在那边,他们邀请我去。我也给他们一点钱,这样其实比旅行社还好,我是旅居养老,因为空气也好。

(上海公益新天地第一场)

(二)生活世界的想象分类

1. 个体的维度

(1) 对养生和鸡汤文的热情

老年人对养生的热情在不同地域都具有一定的共性。例如,线下加入小区的保健站(其实就是推销保健品的门店),看北京卫视《养生堂》节目,还有通过各种渠道购买保健品;线上加入很多医疗群、养生群或病友群,有的是医生创建的,有的则有保健品推销嫌疑。

在哈尔滨F小区一场座谈会中,X阿姨拥有被别人羡慕的"铁饭碗",退休前是小学老师,文化程度较高,但是对养生的关注跟其他人没有太大区别。说起自己有次去澡堂子洗澡的时候由于有风湿病,站不起来,得到一位女性的帮助,当得知对方是营养健康师后,开始有些警惕,对方发送的好友申请也没有立刻同意,而是回到家中考虑再三才同意的，之后就被拉进一个养生群，叫作"国民健康亿民群"。我们在 X 阿姨的手机上浏览了一下这个群，发现具有比较明显的推销特征。但是 X 阿姨觉得这个群有很多有帮助的信息，并认为不是保健品推销群，在我们表示怀疑之后，X 阿姨也好像觉得不太对劲。

L 阿姨在座谈会上一直比较沉默，但说到养生话题时立刻活跃了起来，主动让身边的访员看自己加的一个养生群，群主是洪韶光，L 阿姨再三强调有实体店，是"推荐"不是"介绍"，是比较可信的。

在 F 小区的另外一场座谈会上，S 阿姨说自己加入了一个糖尿病病友群，这个群是由医院的大夫建立的，成员有 95 人，平时会在群里发一些糖尿病护理方面的知识。我们在 S 阿姨的手机上看了一下这个群，确实都是相关知识的分享，如果医生们能更多地传播这些科学知识，就能够很大程度降低中老年人被骗的风险。

在哈尔滨 Y 小区，有个"幸福九号"的小区保健品门店非常受欢迎，座谈会上只有一位退休前是老师的被访者表示不关心这些，其他几位都光顾过，一致夸奖这家店服务周到，从不强买强卖。座谈会之后，我们请 X 阿姨带我们去看一下，显然店员与 X 阿姨非常熟悉。座谈会上，Z 叔叔坦言，"人到了这个年龄就应该有保健意识，但是需要有辨别真伪的意识"。他坚信自己买的都是好的产品，没有上当受骗过，但是当被问及在哪买时，稍微有点底气不足，轻声说是在电视购物买的。Z 叔叔说每年会花费 1 万元买巴西的蜂胶，多次强调是产自巴西，自己吃了很久，比较可信。

老年人对保健品的关注和投资，更多是与自身的健康状况有关。Z 叔叔的收入也就每月 2000 多元，每年 1 万元的保健品开销应该还是有压力的，但是 Z 叔叔身体不太好并相信蜂胶对心脏好，所以即使有经济压力也要买。往更深层次讲，老年人对保健品的"痴迷"也与当前医疗保障体系的不完善有关。

问：医院开的药不管用吗？

男：医院的药，你还真不能去，现在医院在老百姓当中的可信度相当差，1块钱的药他能卖你100块钱。举个例子，我前两天咳嗽，咳嗽得相当厉害，震得我脑仁儿疼，你要到医院去，没有2000块钱，这个咳嗽治不了，住院肯定下不来。结果我在药店自己买了两瓶咳嗽停，8块钱一瓶，一瓶止住。

问：谁告诉您吃这个药的？

男：药店说这个药（管用），我就尝试了一下，特别好使，我就花了8块钱，买了两瓶，16块钱，我吃了一瓶，好了。咳嗽得咔咔的，睡觉都睡不着，一连气这么咳嗽，你说上医院，没有2000块钱，你的咳嗽治不住。医院嘛，大病你得去，小病不能去，大病你必须得上医院。就像心梗，你不去，不就完了吗？不就挺着死吗？小病自己整点药吃就行了。

（哈尔滨Y小区第二场）

经济发达地区的中老年人会更多利用智能设备来关注养生。比如太仓的几位被访者用智能手环记录睡眠时间、走路的步数，还有的就用手机记录步数，也有被访者用智能体重秤监测身体状况。更重要的是，政府的健康管理体系下沉到社区，能够让中老年人更多地吸收科学的养生知识。

女：我们现在社区里面都有慢性病的自我管理小组的。

问：社区组织的是吧？

女：我们去参加自我管理小组，医生来讲保健知识，你们自己每天吃多少盐、多少油自己要控制，发小的小纸，装两克的盐，自己控制吃盐量。

（太仓老年大学）

中老年人对鸡汤文的偏爱更多的是与情感和精神寄托有关，并且联系到之前比较辛苦的生活经历，喜欢看那种树立个体意识、强调"要对自己好点"的鸡汤文。

问：就是微信上面比较励志的文章，让人心情更好、调整好自己的心态这种帖子看吗？

女1：这个看。

问：一般是在什么地方看到？

女1：这个也少，人家发过来我看看，有的时候我也发出去，要对自己好一点。

女2：以前不容易，以前辛苦，现在条件好一点了，对自己也要好一点，对。

问：您觉得说得还有道理吗，有一些文章？

女1：蛮有道理的。

问：所以您也会转发到朋友圈，还是发到群里面？

女1：朋友圈。

（太仓老年大学）

（2）年龄越大越寂寞

互联网对于老年人最直接的影响，就是排遣寂寞。哈尔滨Y小区座谈会上，L阿姨小声说道"有个事情做是挺好的，省得寂寞"，可能是"寂寞"这个词引起了大家的共鸣，但是谁都不愿再多说什么，上一刻讨论得热火朝天的人群忽然陷入了沉默，有人暗暗叹气，有人低头抠手指。但是当被明确问到是否感到孤独时，反而没有人愿意正面回应。Z叔叔说现在能自理并且可以和同伴在一起唠嗑，并不感到孤独，但是等到80岁以后，不能自理的时候，可能会很孤独。其他人也表示还是需要自己调整心态。面对"孤独"这个词，大家有点讳莫如深，在谨慎地表示自己的孤独之情后，又想极力掩饰，不想让别人误会子女不陪伴自己。

客观上，中老年人步入退休生活之后，闲暇时间也的确大量增加，随着年龄变大、行动能力降低，一个人独处的时间也相应增加。互联网在更多老年人看来是"打发时间的途径"。比如哈尔滨的F阿姨说自己玩消消乐会玩到后半夜，直言说玩这个游戏会让人上瘾，不仅自己玩，还教会80多岁的老母亲一起玩，目的是给老母亲找点事情做，好让她不唠叨。

我们调研中还发现，社会变迁的因素也影响到个人生活的变迁，而互联网的介入则帮助人们适应这种变迁。2016年，北京大兴的赵庄子村全村85%以上的农业用地的承包经营权流转到村委会，由村委会经营集体菜园。除了土地每年每亩2500元的承包费外，村民还可以每人每月出工两天，并获得每人每天1斤蔬菜的报酬。集体经营之后，村民不再需要日出而作、日落而息，生活中出现了大量空闲时间，村民的生活可以简单地概括为"有闲、没钱、还乐呵"。中国社会科学院研究生院社工系的学生们来到村里教村民学习智能手机和上网，一时间村民的文化娱乐生活丰富了起来，"全民K歌"成为村里最流行的活动。

（3）"无龄化"的自我认同

上海的调研中，印象最深的一个是中老年人的网络和手机使用程度都相当高，会网上购物、手机支付、网上挂号、网上订票、手机导航、借助手机自助游、发博客、自制相册和表情、消费货比三家、购物秒杀、使用充电宝以及移动 Wi-Fi 等；另一个则是有的老年人作为志愿者帮助其他老年人学智能手机。言语之间，被访者完全不觉得自己是"老年人"，经常说"（他们帮助的）老年人记忆力差啊，需要教好几遍"，"老年人担心啊"，等等，并没有把自己视为老年人中的一员。

D 叔叔 67 岁，退休前从事建筑行业，目前在老小孩网站做活动策划，虽然一头白发，但是非常精神也非常健谈：

> 这些老年人，你看外表好像是老年人，其实是没有年龄限制的。现在是网红，就是没有年龄化的，无龄化，年轻人会的我们也会。我骑共享单车，他们都说你不要上当受骗，但现在小黄车都成灾了（意思是小黄车非常普及，并没有欺诈）。
> ……
> 我自己写了一篇文章《无龄化养老》。"晚年"这个年龄很难说的，现在最理想的就是 120 岁。不是我说的，是科学家说的，120 岁是最高年龄，但是我们能够活多少岁？高兴一天就玩一天，现在家务繁忙，忙，但也是乐。所以我不认为自己头发白了就是老，这是不对的，关键是心态要好。

（4）死亡是"一件自然的事情"

调研中提到"死亡"的话题其实很"残忍"，但是比较出乎意料的是，老年人并不忌讳谈到这个话题，听起来都有过一定的思考。

哈尔滨的 X 阿姨说现在癌症就像慢性病一样普遍，X 叔叔也说死亡是一件很自然的事情，自己"并不怕死，但是害怕变老"。T 阿姨并没有接着谈死亡的话题，而是说自己愿意以后不能自理的时候去养老院养老。其他人听了之后有几秒钟的沉默，接着就开始说住养老院也是需要有一定的经济支持的，并不是所有人都能承担住养老院的费用。还有的被访者说住养老院是最后的选择，言语之中些许流露出不能依赖子女赡养的无奈和失落。

太仓的老年人态度相对积极。被访者对生老病死有过思考，没有特别担忧。S叔叔77岁，退休前是医生，大专学历，自己学习电脑后在老年大学教其他人学电脑。S叔叔对于生老病死总结得很好，"希望老得慢一点儿，社会活动多参加一些，多接触群体，不脱离社会"。

> 男：我也讲不好，为了子女的幸福，还是要快快乐乐过好每一天，身体要保持健康，人人都要老的，但是老就老得慢一点，有什么小毛病及时治疗，现在老年人社会活动尽量能够多参加一些。不要老是待在家里，跟老年人的社会群体多接触，这样包括学习和运动，多增加一些丰富多彩的生活。
>
> （太仓老年大学）

2. 家庭的维度

（1）向往"自由"

在谈起理想的晚年生活时，"自由"这个与年轻人紧密联系的词突兀地出现了，自由最好的状态是和子女"有分有合，子女需要时就过去"。被访的中老年人大都经济上不需要子女支持，甚至还要拿自己的退休金贴补子女。大兴农村的老年人也希望晚年自由些，认为关键还取决于是否需要带孙子做家务，D阿姨直言如果不用哄孩子就很好，其他人点头同意，只有L叔叔反驳，认为带自己的孙子心里很开心。

可见对于家庭责任，老年人一方面觉得无论经济上还是精力上，自己都有义务付出；另一方面他们也想追求属于自己的生活，做"喜欢做的事情"。在家庭责任上的进退两难成为很多组座谈会上热烈讨论的话题。比如哈尔滨 F 小区第二场座谈会，讨论比较多的是带孙辈的苦与乐，整体上还是更倾向于希望自己有更充裕的时间做喜欢的事情，而不是被子孙的家务事羁绊，"希望每年出去旅游一两次，平时有自己喜欢做的事情"。

问：我问一个比较大的问题，你觉得比较理想的、比较幸福的晚年生活应该是什么样的？

答：家庭团结不就是幸福嘛。你家庭不团结，干啥都不行。

答：都是，身体健康、心情愉快，或者做自己愿意、自己想做的事，自由的，这样就觉得挺好。

答：都一样，我们都是这么想的。

问：能具体说说想去干什么吗？

答：旅旅游，能跟孩子在一起见见面，给看看小外孙，身体好一点，这就挺好的了。

答：孩子在家你就得惦记着赶紧回去，给人家做饭。

答：我就行了，我想去哪儿去哪儿，没人绊着我了。

（哈尔滨 F 小区第二场）

上海的老年人更明显地向往"自由"，希望用旅游和文娱活动来充实晚年生活。有的老年人表示以后不用带孩子了，就要开始规划自己的晚年了，要多出去玩玩；也有的说到自己是外地知青，退休工资比上海本地少很多，所以不能经常出去旅游，但也规划好了适合自己的文化娱乐活动。

（2）"抱团养老"

理想的晚年生活首先与家庭有关，其次也涉及如何养老。"托老所"这个词是北京大兴农村社区的 G 阿姨提出来的。G 阿姨有两个儿子,大儿子在市区,小儿子在澳门。当被问及以后的晚年生活时,G 阿姨率先回答希望可以进托老所。不过有意思的是,G 阿姨在说完托老所之后,自己又解释说和敬老院不一样。她所说的托老所是方圆几个村一起办的,离家近,并且大部分人也认识。这两点是她理解的托老所和养老院的不同之处。R 阿姨也表示附和,当被问及是否愿意和子女一起居住时,R 阿姨没有立刻回答,一旁的 G 阿姨抢白道"和子女的感情固然重要,但是和同辈人之间的感情更现实长久",这可能足以描绘他们心目中的理想晚年生活。

太仓的 Y 阿姨对于养老问题表现得有些激动,先是强调自己一个人住,强调了三遍,然后说到儿子在国外将来也回不来,麻烦亲友照顾也不好意思,言语间有些哽咽。接着她说现在做志愿者回馈社会,多照顾老人,以后别人照顾她,她也会心安。Y 阿姨激动地说生活在太仓真是福地,对老年人都很好,自己不愿意出国,养老中国最好,太仓最好,说着有些想哭了。Y 阿姨的案例反映了老年人对未来养老问题的担忧,尤其儿女不在身边的独居老人,但是太仓的公共服务显然增强了老年人的信心。

关于理想的晚年生活,中老年被访者都聊了很多,我们都不好打断讨论。"抱团养老""旅居养老""和志同道合的几个朋友住在一起"在上海的座谈会上反复出现。

> 因为我现在网站在弄旅居,所以对我来说也是一个机会,我在外面看,我觉得哪个地方合适,将来总会有几个志同道合的人住在一起。因为我到国外去看过人家的养老院,有事情干,做做农活,养养鸡,或者几个人在一起唱唱戏,我们自己有事做。靠着别人的话,我自己心里也很难过的,希望到老的时候,我还是

很有尊严地生活。抱团养老最好。

(Y阿姨，65岁，退休前是央企财务处长，上海公益新天地第二场)

不过旅游和文娱活动需要在身体状况良好的前提下进行，一些老年人也表达了身体状况受到限制时候的担忧。Z阿姨66岁，说很担心养老问题，主要是以后不能动了，那才是真正的养老和晚年生活问题。

Z：我觉得我还是比较担心养老问题，这是为什么呢？我也是老年人，但是年龄上是老年人，我身体上不是老年人，我们都很愿意帮别人，无所谓，我现在可以帮人家，我们这里都是志愿者，而且都是很乐意帮别人的，真正自己不能动是85岁以上，走路这个样子的，叫谁来帮你呢？子女会在你身边吗？我就是这样想的，我就是担心这个，这个问题不能解决的。

男：讲句实在的，你就是出钱都找不到人。

Z：现在出去旅游我都讲的，没意思了，我能动就是现在。就像我们网友八十几了现在在家里面，保姆在家推着，打电话过去，嗯？嗯？嗯？我们也不到她家去玩了。没办法了，就是很少，一年去一次，去看看她，越来越不行了，你看，找找保姆，有些保姆还很坏的。我们还出不起（钱），我们退休工资低，所以养老真的是个问题，我们现在谈的不是养老问题。我的家因为是老师的房子，所以一个楼面有12个人家，但我一直跟大家互相聊天，我们每个层面的人大家互相关心，关系搞好，叫来叫去，就只能这样。这是重大问题，现在考虑方案一个都没看到。

(上海公益新天地第二场)

（3）对子女的期待

相对来讲，哈尔滨和太仓的老年人对子女的依赖程度较高，主要是情感方面对子女的期待较高。太仓的Q社区是拆迁安置社区，老年人通常与子女住在一起或者同一个小区，老年被访者体现出了对子女较高的情感依赖和回馈期待。

> 男3：因为我们这儿都是拆迁的，拆迁的基本上是两套房子，和子女住在一起的比较多，就是住在一个小区里面，不是住在一起。
>
> 问：Z阿姨您觉得呢？
>
> 女3：我觉得老年人身体健康是最幸福的，还有孩子懂事孝顺，不一定要挣多少钱，首先要懂事。
>
> 问：您觉得怎么样才是懂事？
>
> 女3：我觉得孩子能够体会到大人把他养大不容易，我们那时候生活很辛苦的，他们也知道自己童年的时候不像现在的年轻人要什么有什么，那个时候是没有什么可吃的，他们也觉得那个童年比较有乐趣，但是现在他们也比较珍惜，对大人也比较孝顺，知道老人要过生日了，送件礼物，不要多少，记得有这么一个事，知道自己的父母把自己带大都是不容易的，这个是挺好的，至于多少钱出去玩一下那是最好，待在家里我认为也很幸福，可以四周走走，太仓的风景也不错，我感觉我现在非常幸福。
>
> 问：您呢？
>
> 女2：我们也是跟子女住在一起的，只要和和睦睦就可以了。
>
> 男4：让自己感到生活充实就可以了，这是一点，还有一点，到晚上吃饭，一家人坐在一起吃晚饭，那个时候就是最开心的。
>
> （太仓Q社区）

哈尔滨F小区的老年人用一种"忍让"的方式来处理与子女之间可能存在的矛盾：

男：有时候有，挺失落的。小时候可听话了，大了开始跟你（吵架）了，肯定有失落感。但是可以理解，因为隔代人，想法不一样，社会的发展也不一样，所以有这种隔阂是免不了的，所以你得说服（自己），尽量适应，实在适应不了的，你就睁一只眼闭一只眼。自己的孩子，你能怎么着？

答：就是一句话，你自己心放平，对待这个事情就能做好，你要是心里总是不平衡，你不干了我干了，这个那个的，那没个好。有的烦，回来了光吃，啥活儿不干，一叨叨，心情肯定就不好。你把心态放平衡了，行了，当老的，多干点儿，无所谓。

相对而言，上海的老年人与子女之间的关系更加独立，老年人对子女的期待并不高，也意识到晚年生活不太可能依赖子女，子女对父母的生活也没有太多干涉。老年人普遍认同，"过去养儿防老，现在我们这种概念都没有了，没有这种观念了，子女都很忙"。以旅游为例，子女不会觉得老年人乱花钱或者不帮自己操持家务，"子女对老人干涉不是太多的，只要你们活得好，开心，他们也是蛮放心的"。即使子女资助老父母出去旅游，父母也会带礼物给子女，可能要花比子女资助的钱更多，但是老年人认为子女的资助是"态度"问题。

不够让他赞助一下，比如我们这次两个人出去要消费三万块钱，你是不是要资助一点，我倒不是要他的钱，而是要他的态度。有的时候我带东西回来还不止两千块，还要打电话问他要什么东西，他们都喜欢带点什么东西，小姑娘化妆品什么的一买都是几千块的。实际上不是钱的问题，是态度。

（Z阿姨，57岁，月收入4000多元）

3. 社会的维度

（1）相信权威

在中老年人看来，电视台（尤其是北京电视台、中央电视台）、报纸、医生、实体店以及官方机构和官员都象征着权威，可以信任。在养生信息方面，不同地区的中老年被访者都认为北京电视台的《养生堂》节目可以相信。不过，也有被访者只把这些节目当作信息渠道而不会花钱购买商品，从而不太会上当受骗。

  问：刚才聊到养生方面，大家看北京电视台的《养生堂》节目吗？

  答：看。

  答：有时候看，不是天天看。

  问：上面的知识、信息能相信吗？

  答：那个相信。

  答：北京台呀，相信。

  答：首都呀。

  答：那个好像能相信。

  问：因为是北京的节目就能相信？

  答：嗯。

  答：《养生堂》也是多年的节目了，不是刚办的。

  答：那是属于国家办的节目。

  问：您觉得在北京电视台就比较能相信？

答：那个相信，但是说让你买什么东西从来不买。

答：像北京播的六味地黄丸的节目，北京市的人都知道，那个药伤肾。我北京有个亲属就说，千万别买那个。六味地黄丸吃的时间久了，比如七年八年的，对肾脏损害特别大，偶尔吃没事儿。我有个亲属告诉我，说千万别买那个药。

（哈尔滨 Y 小区第一场）

被访者认为消费者的能力有限，电视台应该负起把关的责任，举例来说，前段时间曝光的一个冒充教授在电视台推销保健品的女骗子，长得慈眉善目，整天在各个电视节目中出现，当初为什么电视台没做好审查工作？可见，老年人在商业社会其实也在经历"再社会化"，还好老年人大都保持节省的生活习惯，或许信息甄别能力较弱，但是只要不舍得花钱，倒也可以防止被骗。但是，这样的过程中，电视台、报纸以及一些官方机构的逐利行为也在伤害其自身的权威性，这是更加严重的问题。

（2）社会责任感

这一代中老年人生活经历大多比较波折，但他们所表达的不是抱怨，更多的反而是社会责任感。虽然也会显示出对很多问题的无力感，但力所能及的范围内，还是希望做一些有利于社会发展的事情。

太仓 X 社区的座谈会上，几位叔叔对社会问题思考得比较多，觉得好的老年生活也要社会环境好。C 叔叔会就小区卫生问题打电话到电台反映，C2 叔叔认为养老是大问题，应该是社会问题，而不是子女问题，不能把责任都推给子女。

哈尔滨 G 大学的座谈会上，一直做党务工作的 L 叔叔听说微信中的脸谱（表情）是日本人发明的，每使用一次，就会为日本 GDP 做贡献，为此，曾经有段时间不使用微信表情。撇开信息判断能力，这件事在很大程度上反映了 L 叔叔的爱国情怀。

访谈中还有两位被访者都提到签署了遗体捐赠协议。太仓老年大学的座谈会上，Y 阿姨打算遗体捐赠，在国外定居的儿子很支持，还在回国时帮着办手续。哈尔滨 G 大学的 J 叔叔在 2012 年 6 月 12 号退休那天就签订了遗体捐赠协议，希望百年之后自己的遗体可以用来做研究。J 叔叔说这件事的时候很淡定自然，还有些许的自豪之情。

> J：这个我有一个自己的做法，在不拖累子女的情况下，用乐观的话说，我今天睡醒了，活着，挺开心，那么何乐而不为？而且面对死亡，我是在 2012 年快要退休的 6 月 12 号，我自己三思而行，并不是冲动，我毅然选择了捐献遗体，协议现在就在我家里放着，一式两份。我是这么想的，我将来不买墓地，也不用从事所有的丧葬过程，直接一个电话拉走了，我把自己的遗体捐献给祖国医学研究，这是我做到的。这就是我给子女留下的一个丰碑，用不着每年去给我扫墓，不用。

三　中老年信息能力分类

（一）信息创造者

上海的中老年被访者是典型的信息创造者，我们将能够创造和传播信息的老年人称为"超能老人"。

首先，他们能够使用互联网和智能手机及其他智能硬件的多种功能，不局限于比较普遍的社交、娱乐、购物及生活功能，比如做

flash、做动画、做表情包、天猫海淘、京东、拼多多乃至云端备份，而是能够拓展到更加专业的一些功能。比如一位阿姨讲到 3D 打印机：

> 包括我们现在有好多 3D 打印的方法都来教我们，让我们再提高。然后我们就可以制作一些小的小鸡、小鸭玩的东西，手工艺的东西。还有制作视频，然后视频做好了，像我们阿木林都是用视频的形式发出去的，人家像看小电影一样地在那里看。
>
> （上海公益新天地第一场）

值得提到的是，微信的面对面建群功能还是这些中老年人教我们的。因为要用微信红包发劳务费，我们之前都是跟被访者扫码建群，上海的叔叔阿姨则提议面对面建群，见我们操作不熟，Q 阿姨主动教我们怎么操作，后来在群里叔叔阿姨发了很多自制的表情包，还把跟我们的合影照片和我们的头像照片用美图秀秀美化了。

其次，很多被访的中老年人平时还是志愿者，教其他中老年人使用电脑，还编写了中老年互联网使用教材并出版了书。他们中的杰出代表是 C 阿姨，70 岁，退休前是纺织工人，现在成了编互联网教材达人，微信好友上千人，出了两本书。

> 问：是自己学的？
> 女 4：有书。
> 男 1：还有学电脑的书，有两本呢！
> 女 4：搞了一个教材，老年人用的。
> 问：有没有卖的？给我们看看好吗？
> 女 4：没有卖的，去网上要一本。
> 男 1：网上有可以送给你。

问：电子版是吗？就是教老年人怎么用的？

女3：对，智能手机基础知识。第二本我专门讲微信的，这个月月底要出来了，现在在出版社里面。这个是徐汇区学校他们自己印的，基本不对外的，是对社区学校的，老年学校，作为统一教材发的。

（二）信息接收者

1. 主动接收者

接受访谈的中老年人大部分属于"信息的主动接收者"，信息获取和甄别能力相对中老年人总体来讲还是比较强的。信息获取能力突出表现在会使用互联网的多种功能、学习新知识的能力和欲望、参与微信群和表情包的使用，信息甄别能力主要是对于假消息和诈骗在不同程度上的识别能力。

中老年人日常的信息获取主要是看新闻，很多被访者提到经常看腾讯新闻，女性更多提到对养生、心灵鸡汤、戏曲方面的信息获取，还有搜索菜谱、打太极拳的教程和广场舞等信息。太仓的一位阿姨给我们看了她关注的公众号，"心灵鸡汤吧"，还有国剧的、养生的公众号。不少老年人提到了打游戏，主要是玩消消乐、打麻将，W阿姨会使用百度猜谜语。

但是，中老年人普遍反映看屏幕时间长眼睛疼，可见在看新闻、看视频之外的听新闻和听音频或许也有很大发展潜力，尤其对于中老年人来讲，既可降低接入互联网的门槛，也可作为可持续使用的接入方式。

对于网络支付，除了使用能力比较强的部分中老年人，总体来讲都比较谨慎。有的在子女帮助下绑定了银行卡，但是坚持去实体店或者营业厅，不在网上买东西；也有的完全不绑定银行卡，挑好东西让子女付钱，感觉更安心。

我们在太仓的一场座谈会开始前，X叔叔给旁边的S叔叔看他的手机，女儿微信发来链接，可以看"荔枝FM，人人都是主播"里孙子讲的故事，小孩讲得非常好。X叔叔的女儿在江苏电视台当主持人，孙子上小学二年级，叔叔言语中充满骄傲，说孩子比妈妈厉害，后来又播放了一个孙子表演其他节目的视频。

信息的主动接收者有个共同点就是具有较强的学习新知识的欲望和能力。在太仓老年大学，被访者大都表示想紧跟时代步伐，不让自己落后。S叔叔表示只要增加知识的功能都愿意用，并多次强调，愿意学习各种新的东西。W阿姨说她之所以要学电脑，就是怕和时代脱节，怕儿子瞧不起自己，所以很多功能都想学。

之前也提到过，中老年人参与的微信群种类也很多，除了亲朋好友群，还有太极拳、广场舞、旅游、摄影等兴趣群，以及关于健康信息的病友群、养生群。也有被访者提到被拉入疑似推销性质的购物群以及疑似赌博的红包群。

太仓Q社区的S叔叔（70岁，村干部）参加了政府组织的太仓养生管理群，认为政府组织的群比较可信。太仓X社区的S阿姨（58岁，退休前是文具厂工人，小学学历）加入了一个比较有意思的微信群，叫作"人生何处不相逢"，与不认识的人聊天，并称之为"互动最多的群"。这种对陌生人开放、欢迎的态度与北方农村社区对陌生人的排斥态度形成对比。

中老年表情包由于其特征明显，已经成为中老年互联网文化的标志之一。提到喜欢用什么样的表情包，中老年人大都表示"喜欢用好玩的、有意思的、动态的"。跟年轻人一样，很多中老年人刚醒来也会去拿手机，去群里发早晨好的表情包，但是与年轻人的微信群不同之处在于活跃时段，中老年群里的问候从早上5点开始，一般晚上8

点左右就走入平静。

被访者大都提到网上假消息蛮多的，但是太仓和上海的中老年人感受更为显著，上海的被访者明确认为互联网上至少50%的消息都是假的。这种较强的警惕意识有助于培养网络安全意识。比如上海的X阿姨提到如何甄别一个集赞的虚假消息：

> X：我上次看到一个星巴克的，集多少赞，点进去一看，星巴克的标志也不对，字也不对，我特地找了一个正规的网站，截图截好以后发在里面，但年纪大的人，还是照样过去再给你转发一下。
>
> 问：比如送优惠券什么的？
>
> X：对，因为图标也不对，那个字也不对，我特地找了一个（正规网站截图），特地发了一下，我说你们注意网络安全，结果后面还（有人）再来又转了一条，这就是年纪大没注意，我说这些东西你们不要轻易点。
>
> （X阿姨，65岁，事业单位退休）

另一位T阿姨用百度和微信辟谣助手甄别虚假消息，由于部队大院的生活经历，她对于虚假消息更体现出一种正义感。

> T：因为我现在一般是有兴趣看看，没兴趣不看，开始有热度，但是后来觉得有好多东西都是为了增加它的点击量，其实很多信息都是不符实的，所以我现在就多了一个功能，我看到你这边文章出了，我先复制一小段，百度一下，要是有辟谣什么东西的，马上截屏下来，谁再发，我马上就把这个发给他，谣言。
>
> T：微信辟谣助手现在都是有的，就像现在这两天不是说要

开十九大了吗？微信上面要干吗了，要抓群主又干吗的，就是这个转。我后面一看到群里面再转，我马上复制一下，我看这个（辟谣）消息是9月13号就出来了，他说现在是9月19号，我就截屏，我说要注意日期，9月13号发出来就已经辟谣了，9月19号再来一个明天早晨3点到几点这样的消息，太假了。反正就是浏览器里面打开，我随便哪个浏览器一打开，就把这段复制上去。

（T阿姨，60岁，中外合资单位退休）

太仓的C阿姨提到有人在小区微信群号召为山区孩子募捐，但是不说真名实姓，C阿姨觉得比较可疑，坚持只有实名并且把事件说清楚，才会积极响应募捐。

女3：因为居民群里，是我们的Y社区的居民群里，他们说要发，居民组织一个群募捐捐赠，我是这么回应的，好像我对你，你也没用真名实姓，也没有，我也对你不熟悉，你如果要建群募捐，我们心里愿意，但是你要用真名实姓，不可能一个人募捐的，一个人代表一个集体的。因为要组织，首先要组织人员，然后再一起募捐，我们都可以，因为要真名实姓，你是谁我们根本都不知道。

（C阿姨，54岁，退休前是工人，初中学历）

2. 被动接收者

对于互联网使用能力较弱的中老年人来说，信息搜索和获取能力也相对较弱，经常提到"手机上有什么就看什么"，这可以概括他们的互联网使用方式。

第九章 中老年互联网行动愿景的定性分析

一些被访者刚开始学微信不久,接触互联网时间也不长,对于互联网的潜力和功能还没有很好地了解,表示平时经常做的就是看"腾讯新闻"和"今日头条",刷下朋友圈,看一下别人分享的诸如生活常识类的文章,不会主动在网上搜索信息,也不会使用微信或支付宝支付。

当在网络上看到信息矛盾之处或者感到困惑时,不像"信息主动接收"的中老年人那样使用互联网工具进行判断,而是"宁可信其有,不可信其无"。比如哈尔滨Y小区的被访者提到,看到桃子快熟的时候会喷洒大量农药的文章之后,虽然也不太确定信息真假,但是尽量不吃桃子。

信息"被动接收者"除了不会主动搜索需要的信息,对于信息的思考能力也较弱,主要原因是把使用互联网当成"消磨时间"的工具,而不是真正应用到生活中。

> 问:其他人觉得网上的信息能相信吗?
> 答:也有假的。
> 答:有的不可相信。
> 答:假的多吧。
> 问:哪些一看就是假的,或者谁发的一看就是假的?
> 问:最近看了什么是假的?
> 答:没发现什么假的,看那些就是消磨时间。
> 答:我们看得也不那么认真。
>
> (哈尔滨Y小区)

四 中老年行动主体的类型

老年人是网络生活中的行动主体。本书根据行动的自主程度将老年人分为两类：完全自主的个体、不完全自主的个体。

（一）完全自主的个体

这类老年人在使用互联网的主动性和能动性方面基本是完全自主的，可以根据自己的兴趣和能力，探索互联网的多种功能和使用方式，更是会自主学习互联网的新功能。典型的是上海访问到的"超能老人"，在学习和传播互联网技术方面表现出了显著的自主性。

哈尔滨G大学的Z和G两位叔叔的网络购物经验最丰富。G叔叔每年网络购物花费大概一万元，从生活用品到家电都买过，一般在京东、淘宝、海外购等平台购物，频率为每个月至少十几次。G叔叔说起有次家里的微波炉坏了，自己拆开之后，发现是某个零件损坏的原因，于是在网上购买了零件，自己又把微波炉组装起来。虽然这对于技术出身的大学老师来说应该不是一件难事，但是70多岁的老人有如此强的技术能力还是让人有些吃惊。Z叔叔的支付宝和微信都绑定了银行卡，并且会在"双十一"这样的促销节等到凌晨抢优惠券，此外还会利用微信、QQ投资理财。

对于互联网比较了解的中老年人通常不会惧怕互联网等新科技，也不会觉得"互联网是万能的"，而是对互联网的复杂性有着比较全面的认识，具有较强的网络安全意识，也懂得采取措施自我保护。比如哈尔滨G大学的Z叔叔在购物过程中会截屏留取证据，太仓的S叔叔是在座的被访者中为数不多的表示"不惧怕网购"的，说"自己胆子比较大",觉得绑定不超过一千块钱的银行卡还是比较安全的。

作为"完全自主"的中老年被访者,一方面由于本身的经济因素、学习愿望和使用需求等产生自主性,推动他们融入了互联网世界、增强了信息能力;另一方面信息和技术能力的增强以及对于复杂问题的处理能力进一步强化了他们的自主性,也影响到了他们对于晚年生活、养老问题、家庭关系等问题的看法,并显示了与"不完全自主"的中老年人的差异,将在下一章详细论述。

(二)不完全自主的个体

不完全自主的个体占到了被访者的很大一部分,主要体现在老年人对于互联网的介入和使用方式在很大程度上受到外界因素的影响甚至控制,最重要的外界因素就是子女。

一些被访者典型的特征是觉得自己不用学习太多互联网的功能或技术,生活中需要的时候,比如网络购物、买火车票、打车、交话费时,有子女可以代劳,还可以不用承担互联网的一些风险。

> 比如我们买火车票什么的,都是我家孩子从网上给我买。找旅店,他弄好了,你去吧,到那儿旅游住进去就成了,都是孩子从网上弄,不用我们,我们弄不好咋整?
>
> (哈尔滨F小区)

但是更多情况下,则是中老年人有学习互联网特别是移动支付的欲望,小到可以线上线下购物时领取一些优惠券,大到缴纳生活费用可以方便生活,但是由于子女的劝阻而不得不放弃。

哈尔滨的F阿姨很想下载一个滴滴软件,好方便出行,但是这个想法告诉儿子之后并没有得到支持,儿子认为绑定银行卡之后,钱容易被转走,告诉她等到刷脸支付的技术普及之后再使用网上支付。F阿姨说这话的时候,有点失落,能看出来她对新事物还是愿意积极学习的,但又得不到儿子的支持。

> F阿姨:现在微信支付,你看年轻人,拿着一晃就得了,咱们还得找钱,兜里掏,有时候还找给你假钱。
> 问:但是阿姨还是没有绑定银行卡?是儿子不给绑吗?
> F阿姨:不给绑。
> 问:但自己想绑?
> F阿姨:自己想绑。
> 答(男):你的手机要是丢了不是钱丢了吗?
> (哈尔滨Y小区)

这样多次失望的互动之后,中老年人也逐渐相信自己没有能力驾驭互联网新技术:

> 没有,不开通那些(网银),因为孩子老说,告诉你,可千万不能谁说啥你就相信,到时候你就上当受骗了。孩子说啥咱们得听,像你们年轻的,都懂,啥都知道,所以回家就告诉我们,千万别开(网银)。我们也没办卡,也开不了支付,像她还能买东西,我们都不弄,因为我家孩子说,妈,你别整,我告诉你,你看你戴着眼镜再点错了,发10块你再点成100的、1000的,可就坏了,你要买什么我给你买,所以我们啥都不整。
> (哈尔滨F小区)

"不完全自主"的状态不利于中老年人融入互联网时代和自身能

力的提高，但更不利的结果是在这种制约性较强的外部环境中，一旦中老年人犯了错误，也不敢告诉儿女，可能会造成更大的损失。比如F阿姨收到诈骗电话之后，把身份证号码、电话号码等个人信息告诉了骗子，由于害怕儿子责怪，就没把受骗的实情告诉儿子，"我没敢说我把电话号码给人家了，儿子会说你怎么犯这样的低级错误，所以我也没敢说"。

当然，子女的"不信任"态度可能基于对父母的文化程度、性格等方面的了解，担忧父母的承受和驾驭能力，但这种"不信任"带来的"不完全自主"的互动结果，显然更加不利于中老年人信息甄别和自我保护能力的培养，可能给骗子提供可乘之机。应当建立起父母与子女相互信任的机制，子女的信息获取渠道更丰富、互联网技术更高，中老年父母应当听取子女的建议，提高自己的网络安全素养；同时子女也应当信任父母的生活经验和学习能力，提供多种支持来鼓励父母积极融入互联网时代。

五 互联网行动愿景的影响因素

影响中老年互联网行动愿景的因素主要有三方面：一是外部环境因素；二是中老年人自身的社会经济地位因素；三是一些中老年人独特的心理机制。

（一）外部环境因素：互联网生态与社会生态

外部环境因素中，影响互联网使用最直接的因素就是互联网生态，包括互联网基础设施、硬件完善、产品设计与功能以及网络安全环境等。为了塑造一种积极的、主动的互联网行动愿景，重要的是要形成一种"容错的"互联网生态。中老年人的健康和认知能力总体上低于其他人群，接受新事物的心态也相对保守，在使用互联网和智能设备时，不可避免会有"点错""按错""弄坏了""弄脏了"的担忧，有的甚至会造成经济损失。要努力营造允许犯错误的包容性的互联网生态，互联网平台设计撤回机制，社区和家庭帮助中老年人积极采取补救和自我保护策略，并且集合多方面的力量培养和规范网络安全环境。

政府层面的政策宣传和实施对于中老年人的互联网行动愿景也有重要影响。上海的中老年被访者体现出了尤其"超能"的互联网行动能力和积极的行动愿景，这与上海积极开展的互联网普及有很大关系。被访者提到上海市政府很早之前就推广网络，而且公司财务办公、教学很早就引进了互联网，所以有过这些职业和生活经历的中老年人显然走在了互联网时代的前端，20世纪90年代就会用电脑、网络基础也较好。X叔叔和Z阿姨，退休前从事的是专业技术工作，X叔叔做财务，Z阿姨做管理岗位，从70年代开始就会用机械打字机。X阿姨之前的工作与对外贸易有关，也是在很早的时候，使用电脑就成为日常工作的一部分。被访者还提到2002年，上海开始"百万老人网上行"的活动，从那时候开始，上海就意识到针对中老年人进行互联网知识教育的重要性。

此外，政府积极完善中老年人医疗健康的公共服务，也有利于拓宽信息获取渠道，并能够在很大程度上保证信息的有效性和科学性。比如太仓的被访者提到，社区组织了慢性病自我管理小组，政府组织了太仓养生管理群，能够引导老年人把对养生和保健的关注融入正规的医疗健康服务中去。较为完善的养老保障体系也有利于增强老年人的生活信心，尤其现在很多儿女居住在异地，虽然被访的中老年人不同程度地表达了对养老的担忧，但是太仓的被访者反而体现出满足感和安定感，正是不断改善的公共服务和社区服务增强了老年人对晚年生活和养老保障的信心。

社会层面一个主要的因素是社会环境。在比较开放的社会关系和社会环境中，中老年人不会特别排斥网络中的社会交往，但是反之，则可能觉得与陌生人互动意味着"受骗"或者"不安分"，从而在互联网使用中受到限制。

社会组织的作用也很重要。上海的被访者很多是老小孩网站的参与者，不仅增进了互联网技术，很多人也进步为电脑老师，继续传播知识。这有赖于老小孩网站提出的"科技助老"倡议，增加老年人学习科技相关技能的动力，提供接触新技术的途径，比如被访者除了使用互联网，有的还用过3D打印机制作工艺品。老小孩网站还帮助把关老年人的网络安全。Z阿姨曾经点开了类似微信炸弹的链接，手机被"黑"了，导致所有的微信群都收到了信息，还好有老小孩网站的观察员及时通知了她，并帮她在微信里设置了预防功能。

Z：微信上没被骗过，但是手机被黑掉过。

问：怎么黑掉？

Z：我收到一条信息，上面写请速打开，有事找你，我不知道什么原因，有事打开，那天我也糊涂，也没看是谁发给我的，我就点开了，（老小孩）网站告诉我了，说赶快，你的手机黑了，我一点开之后，跟我联系的所有群里面都有这一条，然后一下子普及了。

问：就是垃圾信息吧？

女1：不是垃圾信息，就类似于微信炸弹。

Z：对，一下子就爆炸了，后来我里面设置了一个预防的，他们叫我设置了一个预防的。

问：是谁通知您？

Z：我们（老小孩）网站搞信息有观察员的，我还没发现，我点好以后没东西了，我觉得没东西怎么叫我点了？把那个手机关掉以后，我就想打电话问吧。

（上海公益新天地第一场）

另一个主要因素是家庭层面的支持。如果家庭的观念比较保守或者不太支持老年人接触互联网，只能强化老年人对待互联网的封闭心态，比如"年龄大了就落后于时代了"，即使老年人愿意学习，但是由于怕犯错误也可能放弃。从家庭来讲，不仅应当鼓励父母拥抱新鲜事物，创造条件为父母接入互联网，而且心态上树立"容错"的支持体制，儿女允许父母在学习互联网的过程中犯错误并积极引导老年人提升网络安全素养。

（二）老年人自身的社会经济地位因素

老年人自身的收入、职业经历、职业地位、受教育程度等因素对于互联网行动愿景有重要影响。总体上讲，使用微信的这部分中老年被访者在当地都属于中等收入的人群，比如在哈尔滨每月退休工资在两千元左右，在太仓从两三千元到六千元不等，在上海从两三千元到上万元不等。而且由于拆迁获得了几套房，中老年人也会有退休工资以外的收入，这个主要是在太仓的调研点。北京大兴农村的老年人在集体经营土地之后，有了更多的闲暇时间。这样的中等经济条件和比较充裕的闲暇时间，使得中老年人能够拥有接入互联网的硬件设备和互联网基础设施，同时不会特别为日常生存需求担忧，但是对于养老、保健、文化娱乐等提出了更高的要求，推动中老年人接受新鲜事物和学习新技术。

此外，被访者大多接受过一定程度的文化教育，从小学到本科不等，一定的文化水平也有利于中老年人学习互联网技术。研究发现，语音输入法使用者在被访者中占少数，更多的中老年人偏好拼音和手写的方式，这当然需要一定的文化基础。一定程度的文化水平也有利于中老年人的学习能力和思考能力，可能对新事物的兴趣更显著。

与互联网和科技有关的职业经历显然有助于培养中老年人对互联网的兴趣，较高的职业地位也提高了老年人学习新技术的能力，并且更重要的是有助于互联网使用中自主性的加强。

当然，本书并不单向度地强调社会经济地位因素对于老年人的互联网使用能力和行动愿景的塑造，而是更多地将社会经济地位作为基础性的因素，强调行动愿景如何与社会经济地位相联系或者独立于社会经济地位所发挥的作用，从而形成老年人互联网使用的不同模式和不同程度。

（三）心理机制：个体、家庭、社会

老年人自身的心理机制对于互联网行动愿景的塑造也有重要作用。从个体、家庭和社会三个维度，老年人的心理机制在生活世界的想象中已经有所论述。

首先，调研中比较深刻的感受是，老年人普遍有相信权威的心理，官方机构、官方媒体、政府官员、医生、专家等传递的信息都让老年人觉得值得信任。这些机构本身代表着公信力，很大程度上确实代表着权威，但是很多诈骗的案例也正是利用了老年人的这种心理，伪装成"权威"发布；同时官方机构和官方媒体的监管不严也给不法分子以可乘之机，而如果老年人的信息辨识能力较弱，就大大增加了受骗上当的风险。

其次，老年人对自我的认同，是"落后于时代""能力降低了"，

还是老有所学、老有所用，与互联网的行动愿景有紧密关系。调研中看到具有"无龄化"认同的老年人，显然对互联网的态度更积极，参与程度也更深，对于互联网的认知也更丰富；而认同"老了啥也学不会了""一把年纪了"观点的老年人则行动愿景更偏向消极。

最后，在家庭—自我认知方面更倾向于相互独立的老年人，其互联网行动愿景更丰富和充实。我们看到，经济发达地区的中老年人与子女的关系更倾向于相互独立，在思考家庭与自我的关系时并不是一味强调将子女或者家庭放在首位，而是关注自我的需求，对家庭的心理需求更加开放，结果是这样的老年人更注重发展自己的兴趣爱好，包括培养对新事物的兴趣，并积极利用互联网提高自己的生活质量。相反，经济发展程度较低地区的老年人在家庭—自我认知方面趋于保守，比较强调依附于子女和家庭的自我，尤其在女性群体中更为突出，通常将互联网看作"打发时间""排遣寂寞"的方式，而较少认为是一种值得付出金钱、时间和脑力的事情。

第十章　中老年互联网行动愿景与行为的机制分析

互联网时代的到来意味着老年人的晚年生活不可避免地融入网络要素，尤其是移动网络的普及，让他们拥有了更多的"触网"机会，在广泛"触网"的同时，老年人行为会产生相应的变化，而人们最需要了解的是，老年人行为和变化背后的原因，也就是老年人的互联网行动愿景与行为的关系与作用机制。我们之所以一再强调老年人的互联网行动愿景，就是担心对老年人"触网"行为和变化的简单化或者纯粹的理性化解读，因为在现实生活中能够看到老年人行为和变化的机制是复杂的和多元的，甚至无法用任何一个固化的解释框架来理解和解读老年人所有的行为和变化，或许只有在某个具体的个案中研究者才有可能区分出究竟是何种机制在发挥作用。但这并不意味着所有的研究工作都是徒劳的，至少在研究过程中能够分析和总结出老年人为了适应和融入互联网社会所采取行为的规律性和机制性的内容。

一　心理机制

（一）心理厌倦机制

老年人在使用互联网的初期会遇到很多障碍，但也会受到好奇心的驱使，努力去学习如何使用互联网。尽管在大多数青年人眼里，互联网充满了无穷的想象，能够接触和获得的内容丰富多彩，可谓是信息的爆炸，但对老年人来说，他们掌握的互联网使用技能相对单一，且对新的互联网应用缺少充足的获取渠道，从而导致他们在掌握了一定的互联网技能之后，难以突破应用的局限。面对相对狭小和重复的"世界"，他们会在心理上出现一定的厌倦情绪。

（互联网里的新内容）现在（我）也跟不上。而且现在还有一个问题，看看看，有的烦了，比如一打开都是早上好、晚上好，他转他的。就这样，这是实事求是地说，尽整没用的。我大学的群里，哎哟，我的天，群主一天领着大伙儿整那没用的，我一看，我也不掺和，好的我就转一转、看一看，不好的我也不看。

从这位老年人的话语中可以看出，老年人的生活往往是非常有规律的，每天几乎重复着同样的生活，做着同样的事情，长此以往，容易滋生"审美疲劳"，从而产生厌倦的感觉。此外，老年人本身开拓新的生活空间的可能性较小，不论是在现实生活中，还是在网络世界里，他们所属的群体也多是与个人生活经验所重叠的。重叠的生活加上重复的方式，产生疲倦的感觉也是不足为奇。换言之，老年人的互联网行动愿景和青年人并不一样，他们能够看到的、听到的、触到的世界相对狭小。

在相对较为狭小的生活空间内，老年人的厌倦感主要来自三个方面。第一，传播内容。有老人这样描述他的厌倦感：

所谓的厌倦从哪儿来的呢？一开始新鲜，看哪个帖子都想看，看什么都想看，结果看来看去基本上说得差不多，都是那些玩意儿；逐渐地新鲜感就没了，没兴趣了，所以也就看得少了。这些东西都是千篇一律的，发的东西都差不了多少，有的就把题目改一改，就是没新鲜感了。看了以后耽误时间，还什么都没有。

从去年（2016年）5月份刚开始开通的微信，一开始兴致挺大的，成天加微信，尽发了，已经一年半了，好像热情没那么大了，有些东西发得太多了，我的群也多，朋友圈也多，发的那些东西大相径庭，内容差不了多少，有的是题目变一变，但是内容一看还是那么着，一年半了，总看总看，现在有点厌烦了，所以有些东西就是看个题目。我有一个孙子、一个孙女，开学了，时间也没那么多，要去送孩子，所以看手机的时间相对少了。但是有些关键的，有些传递正能量的东西，还必须得看，这方面是不能落的。关于生活小常识这些方面，一个是没时间看，第二个，兴趣也没那么大了。

还有老人不喜欢铺天盖地的娱乐新闻：

我是很抵触的，厌倦也好，反感也好，我有个抵触行为，我是从去年文艺圈当中，演艺界王宝强开始，我从那时候开始厌倦的。因为王宝强的消息铺天盖地，从天亮一直到天黑，总是这个内容，包围了，后来干脆不看了。娱乐圈的我是不看了，包括一些评论，觉得讨厌了。我现在关心的就是健康的内容，乐观地看，要面对自己的后半生，看这样的东西，如何关心年轻人的成长。

第二，来自某个人。

> 在微信里边有好多痴，他叫网痴，微信痴，这种人在我们群里也大有人在，他天天发，什么都发，所以一碰到他了，pass。什么都发，一天他得发十几项二十几项，看它干啥？就这么的，所谓厌倦感，这些人来的也有，有用没用的都发。比如印军撤了，中国是赢了还是输了，你看它干啥？肯定是赢了，他还评论说赢了。

第三，来自某种网络行为，比如在线投票。有位老人说：

> 网上投票什么的，我最烦看这个，谁谁谁是我侄女，谁谁谁是我侄子，大家给我投票，弄得手机一个劲儿响，最烦人。这个实在烦人，你也不认识，网友就说了给他投票，你不认识投啥票？好多人出于跟他关系好，所以投了，一会儿700多了，我从来不投。网上投票这个东西，虚的太多。

可见，老年人对网络生活形成心理厌倦机制的主要原因与自身的生活习惯有很大的关系，进入老年之后，扩大生活圈子的可能性降低了，生活节奏越来越慢也越来越有规律了，他们面对相似的网络内容、相似的网络同伴、相似的网络使用方式却显得非常无奈。毕竟老年人在网络中搜寻新鲜玩意儿的能力相对有限，对新知识、新技术、新行为的学习和接受能力也不高，由此就造成老年人容易产生对互联网的厌倦。打破老年人的心理厌倦机制，关键要从两方面下手：一方面是要为他们提供更多的网络行为和网络内容上的选择；另一方面则要为老年人提供更好的学习环境，让他们保持较强的好奇心，并有持续学习网络技能的动力。

（二）兴趣心理机制

兴趣是推动人们持续、投入地从事某一项活动或者进行某一种行为的重要心理机制，老年人的互联网行动愿景中兴趣是推动他们探索、使用和熟悉网络世界的重要动机。老年人对网络社会的兴趣可以和孩子一样是打游戏。

> 问：您觉得玩游戏给你们的生活带来乐趣多一点还是烦恼多一点？
>
> 答：乐趣。玩儿上瘾了，累也想玩儿，有时候一玩儿玩儿到11点，困得眼睛睁不开了，想睡觉。有时候想别玩儿了，睡觉吧，眼睛都睁不开了。有时候玩儿着玩儿着眼睛就好像瞬间都睡着了的感觉，然后再睁开眼睛还玩儿。有些游戏看着是玩儿游戏呢，就说消消乐，我老伴儿说你看你这么大岁数玩儿这玩意儿。我说你错了，真动脑的，跟斗地主不一样的。消消乐你可能点这个的时候它下得多，点那个它下得少，所以整个盘面你得看。那对末梢神经有好处，老忙活着，就是别上瘾就行。（因为玩游戏）糊过锅，玩儿着玩儿着不对味儿，一想起来，锅干了。

除了打游戏之外，老年人也可能对各种网络行为感兴趣，比如说，在微信上聊天，有的老人是"上午一个小时两个小时的，下午一个小时，晚上三四个小时在群里聊，这个时间加起来挺长的"。也有的老年人会炒股，"下午看股票，一边看股票，股票没什么意思就打游戏。到3点钟继续斗地主"。

其实老年人和孩子一样，对新鲜的事物会产生浓厚的兴趣，而兴趣不仅仅是关心事物的表面，也包括由于获得与某项事物相关的知识或者参与某种活动体验到的情绪上的持续满足。这种情绪上的持续满足会一直激励着老年人在网络世界中不断探索，他们的互联网行动愿景在很大程度上也和兴趣有很大的关系，一旦老年人产生了探索网络世界的兴趣，那么他们就会取得更大的进步，获取网络知识和参与网络活动的同时又能得到心理上的满足，应当说，这是最理想的一种老年人学习和使用网络的心理机制。此外，兴趣是一个心理机制，有时候也会受到社会经济地位、年龄和性别等因素的影响，但这也不是一成不变的，有一位老人还讲述了她的妈妈是怎么使用微信的：

> 这个怎么说呢？其实也是跟兴趣有关系，因为我老妈已经80岁了，讲到后面她也就是高小文化程度，她现在微信照样玩，为什么玩？因为我说可以手写，她说，啊？手机有手写功能？她有这个兴趣，她说那你教我，我就教她，怎么打开，把她的设置拼音变成手写，我教给她手写以后，她现在是发短信的，说那我忙死了，一会儿工夫，没什么事，我就试试看，发给你了没有？我都发了，那好，到了第二天早上，又来一个，我再试试看我忘记了没有？

这就可以看到，即便是80岁，只有小学文化程度的老年人只要有了兴趣，也是有可能突破年龄、学历等诸多局限，掌握一定的网络技能的。

（三）害羞心理机制

说起害羞，人们往往会把害羞和儿童联系在一起，孩子们因为害羞而减少与他人交往，甚至陷入自我封闭的囚笼，害羞像一道心灵的樊篱，束缚着孩子们追寻童真的生活。互联网时代的年轻人似乎在害羞心理上越来越少,他们不但不会害羞,反而会"不知羞耻"地把生活中的点点滴滴记录和展现在网络中,作为"炫耀"和展示的资本。调研中发现,老年人在互联网行为中会像孩子一样害羞。

> K歌那个(全民K歌),我那天弄上以后,一看我家亲戚在辽宁都跟我在一起,我赶紧销了。光我们唱还行,一看辽宁的都在那边,我一看我家亲戚,他是长春的,我赶紧退出来了。为什么?我怕人家听,我唱得不好听,我没想到传那么老远。

看到老年人害羞,我们感到非常意外,按照常理,生命历程中有充分阅历的老年人不应该惧怕把自己展露在其他人面前,考虑到网络本身还有一定的匿名性和缺场效应,不会出现面对面尴尬的情况,这些都有利于人们消除害羞的感觉。对一些老年人可能恰恰相反,他们在现实生活中去唱歌、跳舞,却不愿意把这些行为展露于生活圈子之外的网络世界里,原因是担心表现不好。当然,老年人的害羞心理和孩子们的害羞心理还是有本质差别的,孩子们的害羞多出现于羞涩心理樊篱,老年人除了羞涩之外,还包括一些社会规则上的束缚,其中最关键的是,老年人希望把自己最好的一面展现在人们面前,而他们往往对自身的缺陷也有比较明确的认识,害羞更像是确保自己不露短、不丢人的保护机制,是一种自我形象的维护和保持机制。我们发现,老年人互联网行动愿景与年轻人有很大的不同,青年人的网络世界是充满着戏谑和调侃的,而老年人会把互联网看作一本正经的生活模式。

(四)心理防范机制

"少不看水浒,老不看三国",这句老话说的就是老人年龄大了之后多疑,对人们的防范心理会增强很多,在网络生活中,老人也是如此。有时候老年人在夸奖微信让他们打开了封闭世界的同时,还会感慨微信公众号内容传播的可信度不高。"有了微信,大家知道的东西多一点,本来没有微信比较闭塞一点,现在多一点。但是微信上的东西自己要辨别,微信就是微微相信,不能都信。像养生之类的看看,也不会很相信他们的。所以他们说的什么我们都没有这个兴趣的。"

对于网络中传播的谣言,一些老人还是很有"觉悟"的,认为一些传播内容就是为了增加点击量,信息是虚假的,甚至自己准备了一个相对完整的工作套路来应对这些虚假信息的传播。

> 因为我现在一般有兴趣看看,没兴趣不看,开始有热度,但是后来觉得有好多东西都是为了增加它的点击量,其实很多信息都是不符实的,所以我现在就多了一个功能,我看到你这边文章出了,我先复制一小段,先百度一下,要是有辟谣什么东西的,马上截屏下来,谁再发,我马上就把这个发给他,谣言。
>
> 有的不能信。有时候那个题目跟那个内容完全不搭的,纯粹就是吸引人的眼球,点进去看,简直跟那个题目完全不符。这种消息我们一般点过来就不看了,没意思。

这些都说明老年人具有相当强大的心理防范机制,对网络中不确信、不准确的信息是不采信的。其实对老年人而言,官方的权威媒体依然是最准确的信息来源。"尤其那种很小的公众号,睬都不要睬它的,我们一般是关注上海发布、乐游上海的,新华社的、人民网的、央视的,这个比较权威,他们再出假的话,那肯定不行,所以我现在里面关注的公众号都是这些公众号。"可以看到,具备强大的防范心理,老年人会回归到官方、权威的内容发布体系之中。

二　文化机制

（一）因袭文化机制

每个人的晚年生活或许都不一样，但有一点比较类似的是，老年人很少愿意花大力气去改变他们的生活状态，除非是在情非得已的情况下，他们改变自身的动力通常不是很充足，"老而无用"在他们的文化观念中还有很大的市场。而且，在进入互联网社会之后，掌握和使用互联网技能之间的代际差异成为一道数字鸿沟，而从老年人既有的生活经验和知识储备来看，弥补既有的数字鸿沟所需要花费的时间、精力和身体条件都不太允许。一些老年人会这样说，"我都感觉跟不上（年轻人）趟了，所以我就这样了。有一些东西都理解不上去。掌握日常生活需要的就行了，太多了咱们也不会，到时候弄错了，手机一下子死机了，按哪儿都打不开了，还得花钱去修"。就这样了，或者类似的说法从老年人的嘴里说出来是那样自然，几乎所有听到这句话的人都不会提出异议，还有一些老人会附和这样的观点。事实上，在真实的社会生活中，不仅老年人会认可"老而无用"的文化，年轻人也会这样想，对老年人的忽略和漠视已经成为整个社会的文化。这种因袭文化的极端后果就是产生农村老人自杀现象，而在网络世界中因袭文化机制会让老年人的自我定位出现问题，把自己摆在老而无用的位置上。事实上，互联网社会中老年人完全可以摆脱农业社会和工业社会的体力劳力束缚，具有很强的生产力，完全可以改变因袭文化带来的负面影响，但现在在网络中，无论是使用者，还是内容生产者，或者服务商，都没有把老年人作为一个主要客户群体来开发，这种隐形的忽视和漠视才是因袭文化得以生存的最大原因。甚至有些老人哀叹，"我们现在都有子女，自己没有什么必要（使用网络支付）。（看子女）去吃早点什么的一扫就可以了，还是挺方便的，都不用带现金了。现在恨不得倒活几十年，跟上这个时代才好，现在这个时代跟不上了"。这种哀叹难道不是因为因袭文化对他们有着根深蒂固的影响，以至于让他们自己都觉得被这个时代所抛弃？

（二）让位文化机制

进入老年阶段之后，生活重心逐渐从工作向家庭转移，老年人关注的重心也逐渐转移到下一代身上，他们更加关心子女的工作、生活和学习状况，甚至把子女放在自己生活的第一位。由于城市化和人口流动的增加，很多老人与子女并不在一个城市，但子女仍然是他们生活中最重要的一分子，有时候宁可自己受委屈也要优先照顾子女，把自己让位于子女。下面三段长短不一的对话凸显了让位文化背后的代际冲突。

> 我不考虑我自己，就考虑家人，考虑儿子、儿媳妇、孩子，把他们考虑好，都给他们照顾好了，只要他们高兴，老的就高兴，他们要不高兴，一耍脾气，你老的能心情好吗？你不把儿子、儿媳妇招待好了，他俩一干仗，你老的是不是操心？所以他俩不干仗就是好。
>
> 肯定先考虑他，肯定得考虑孩子，把个人利益得放在最后。
>
> （关于对子女的抱怨）有时候有，挺失落的。小时候可听话了，大了开始跟你（吵架）了，肯定有失落感。但是可以理解，因为隔代人，想法不一样，社会的发展也不一样，所以有这种隔阂是免不了的，所以你得说服（自己），尽量适应，实在适应不

了的，你就睁一只眼闭一只眼。自己的孩子，你能怎么着？就是一句话，你自己心放平，对待这个事情就能做好，你要是心里总是不平衡，你不干了我干了，这个那个的，那没个好。有的烦，回来了光吃，啥活儿不干，一叨叨，心情肯定就不好。你把心态放平衡了，行了，当老的，多干点儿，无所谓。

如果认真听的话，这些话几乎会出现在与所有老年人的对话中。把自己让位于子女，围绕着孩子组织和安排自己的晚年生活，这种让位文化是社会普遍存在且认可的。有的老年人还把幸福和不给子女添负担直接联系到一起。

想要感到幸福，有一个健康的身体是最大的幸福，因为什么呢？你少上医院，给国家减轻负担，本身自己减轻负担，给儿女也减轻负担。如果你住了院，身体不好，都说久病床前无孝子，实际不是无孝子，当孝子难，因为儿女们有他们的工作，他还要照顾他的家，现在年轻人的工作压力非常大。我们这一代不管怎么的，挣2000多块钱，国家旱涝保收，你活着一天，国家就给你往里打钱。他们不行，他们现在的竞争多激烈。不能给儿女增加负担，有个好身体，给儿女少添点麻烦，减轻负担，这就是我们巨大的心愿，有一个好身体，就很幸福了。

这种让位文化对老年人互联网行动愿景的影响是偏负面的，因为老年人在现实生活中已经"服从"了子女的生活，在互联网行为和活动中也会依从于子女。老人用的手机"是孩子给的，或者说是孩子淘汰的"，在扫二维码时，"姑娘不让扫，孩子平时都告诉"，当他们想玩游戏时，"我家孩子反对。他嫌我有时候玩儿影响他的孩子了。有时候他（孙子/女）（在）其他（屋）写作业，我在那屋玩儿，还不在一个屋，他（孩子）也不干。我不玩儿了，不是给他孩子整点这个就是整点那个，不就给他干活吗？我一玩儿，孩子我就不管了，有时候我姑娘不让，反对。她的意思是等孩子都整完了，我们走了，你们愿意玩儿就玩儿去吧"。

我没人反对（玩游戏），两个人你玩儿你的，我玩儿我的。就老两口儿干什么呀？去到北京，孩子比我玩儿得还多，我得看着孩子，他们得玩儿。他们都在玩儿游戏，你得哄孩子玩儿，哪有时间玩儿游戏？

（在家里）地位很低。在家孩子看电视，咱们也就拿这个看看新闻。姑娘、姑爷一人一个本儿，所以说咱们，行了……不会玩儿，也不想去玩儿，因为就像他们说的，你一玩儿，咱们看人家脸色干吗？咱们直接干，干完了，吃饱喝足了，睡觉，该走走。

从这些话语里，每个人都可以看到在社会中普遍存在的让位文化原先可以视为一种互助模式，即充分发挥老年人在家庭生活中的积极作用来帮助子女带孩子、照看家务等，再由子女回报和供养父母。而现在的让位模式则成为单方责任模式，父母对子女承担了各种责任，却还要受到子女的管制，看子女的脸色行事。这种让位文化在现实生活中让老年人不得不对上网、玩手机和学习各种 App 心存顾虑，因为在子女的眼里，这些行为或多或少有点"不务正业"，比如上文中看到的，担心老年人玩游戏"带坏"孩子。这也意味着在老年人的互联网行动愿景里，如果子女不加注意、肆无忌惮地干涉老年人的生活，让位文化的存在让他们能够选择的空间更加狭窄。

（三）谦逊文化机制

中国人喜欢谦逊，这种谦逊表现在日常生活的很多方面，在老年人的日常生活中，他们更不愿意展现自己与世争锋或者是显山露水的一面，对于日常生活他们小心翼翼，生怕自己的行为影响到其他人，或者让别人对老人自己产生某些"怪异"的想法。这种谦逊的文化机制对老年人互联网行动愿景的影响是负面的，因为在互联网世界中，人们往往有选择性地展示自己的生活，构建出一个"正面"且鲜活的形象，而一部分老人不愿意在互联网中展示自己的生活，其中的忧虑最主要还是源于谦逊文化机制。下面说的是一位老年人如何拒绝使用朋友圈的故事：

> （我）朋友圈好多人，但是（发朋友圈）适不适合，你发了人家愿不愿意看？我从来不发。头些日子我孙子想给我换个头像，也不知道怎么就给我发到朋友圈去了，80多个，将近100个，又是赞又是怎么的，还有的跟我说，哎，徐老师，你怎么还没变样呢？我说对不起，我孙子给我发错了。我从来不发朋友圈。（是帮你改了头像？）对，也没改成，给我发到朋友圈去了，按错了。我不想让大家都关注。

从这个故事中可以看到，这位老年人拒绝将自己的生活通过互联网呈现在自己的朋友圈里，其理由有两条：第一条是考虑打扰到别人的生活，人们愿不愿意看，但事实上是在他孙子"错误"地更换头像过程中发了朋友圈得到近100个赞之后，他仍然没有改变不发朋友圈的决定；而在他心中更真实的想法则是第二条理由，不想让大家都关注自己。有一些老年人确实是谦虚文化的忠实执行者，他们还会把一些生活习惯在网络中保持，不出头、不扎眼、不炫耀，这些都是他们不想让别人关注的做法。按照谦逊文化行事的老年人在彰显个性、呈现自我和展示生活的互联网文化中就显得有点格格不入，自然他们对互联网生活的理解和行动也就不会那么容易地参与和融入，对一些新的网络 App 的接受程度也就较低，在这种谦虚文化背后的老年人网络行动愿景就会产生一些负面的影响。

三 社会机制

老年人学习、使用互联网是在特定的社会环境下完成的，一方面他们按照既有的生活经验因循着前互联网时代的生活模式和生活节奏；另一方面他们作为"互联网移民"也不得不开始面对业已变化了的社会条件、科技水平和生活环境。换言之，老年人想完全沿着既有的生活轨迹进行下去是不太现实的，根据网络技术和网络生活的变动来逐步适应可能是未来晚年生活的大趋势。在适应和融入互联网世界过程中，老年人的行动愿景会受到很多社会机制的影响。

（一）社会互助机制

社会互助机制指的是老年人相互帮助学习和掌握网络技能背后的行为逻辑。在很多老年人眼里，子女在帮助他们学习和掌握网络技能的过程中只是一个启蒙者，而真正能够帮助他们熟练掌握网络技能的主要是他们的同伴，因为在日常生活中，子女在帮助老年人融入互联网世界时往往处于角色缺位的状态，他们只能够和生活中最常遇到的同伴们一起一步步地学习和掌握网络技能。在访谈中，一位老年人在被问及什么时候开始使用微信时，这样回答：

答：（使用微信）有四五年了。一开始在电脑上用，后来买的手机，就在手机上用，电脑就不用了（此处可能有误解，应为QQ）。

问：这些（微信）功能是不是都比较熟练了？

答：那熟。我们能用到的（功能）都差不多（会用）。刚一开始有些操作不懂，都是儿女教，但是一次两次以后就知道了。剩下的就是在群里交流的时候，你哪个不会了，怎么收藏，慢慢地都教给你了。在网上（和同伴）直接唠了，就告诉你怎么整。

在调研中不难发现，由于大部分老年人自身的文化素质和知识能力有限，他们更多地依靠外来的帮助来学习和掌握网络技能，有时候年轻人看起来很简单的操作，对老年人而言却是不太容易掌握的高难动作。而子女对父母的帮助往往是相对有限的，特别是独生子女时代，很多子女都离开了父母所在的城市，有的即便在同一座城市也不是每天都能见面，这种情况下，老年人每天接触的主要还是年龄相仿的人群，老年人在学习和掌握网络技能的社会互助机制部分取代了子女对父母的帮扶，成为老年人习得网络技能的主要来源。

从老年人互联网行动愿景的视角来看，虽然社会互助机制能够帮助老年人习得网络技能，但其局限性也是非常明显的，因为在大部分老年人生活的社区或者小圈子中，即便是最熟练使用互联网的老年人与年轻人相比，其差距也是非常明显的。所以，如果我们把老年人互联网行动愿景视为由老年人所能接触的社会条件所决定，那么很容易看到，行动愿景会受到老年人的群体性局限影响，这种群体性局限实际上是由科技快速进步带来的代际数字鸿沟形成的，而社会互助机制并不能解决代际数字鸿沟的影响。也就是在社会互助机制下，老年人能够学习和掌握的都是基本技能，而更加深入的技能学习和掌握则需要老年人自身更多的努力以及老年人群体外部条件的改善，或者新的、能够让老年人持续提升网络技能的群体进入。

（二）社会自助机制

在老年人群体中，能够自己学习和掌握网络技能的老年人数量和比例并不多，但确确实实有一些老年人基本上能够跟上时代的脚步，通过自己学习、摸索的方式熟练掌握他们认为对生活有用、有帮助的网络技能，且他们学习的欲望还会随着生活需求不断改善提升，这种老年人的互联网行动愿景下的行为逻辑可以称为社会自助机制。下面这位老年人就是一个不断摸索、不断进步、不断改变自己来适应生活环境的典型。

> 我回来以后，退休没事儿，听听小说，想买个小的（收音机），网上看了，但是淘宝网上不会，找学生，让学生买了，我得给他钱。但是后来一看这多费劲，后来自己也就会了，等会了以后，越会点就像多米诺骨牌一样，所以上网、网银支付这些也都做到了。说实话，QQ出来比微信早，我有QQ号，股票远程操控都是QQ上过来的，但是我不怎么玩儿它。微信后来的，但是我现在离不开的是微信，QQ一个月能打开一次，微信是一天不止一次。开始支付电话充值不愿意跑，网上一弄就得了，交煤气费什么的，都可以网上弄。现在一看，微信，儿子给发个红包，有钱要（提现），现在要手续费，一万块钱还是两万块钱，以后都要手续费了，怎么办？再有钱的话就花吧，充值这些。最主要的是，有些通知、消息，不光学校里，还有外边的，比如投资，原先要跑到门市部去，现在在网上自己做了，支付、赎回，

第十章 中老年互联网行动愿景与行为的机制分析

自己都做了,他们也乐意,你省得麻烦他,还得用纸的,现在不用纸的。现在有个问题是什么呢,就是可信度,可信度不好的话,你的钱出去,回来不好回。所以,我做任何一笔都截图,比如你投资了,有个页面,页面截图,这就是凭证,你保存起来。

用微信跟孩子交往,视频聊天,现在也会把说话变成文字了,微信也可以转成文字,要不有时候说话听不太清。

现在不工作了,但是计算机还是离不开,得上微信、淘宝。我连牛奶有时候也在淘宝上买,岁数大了,省得去扛了,不好意思,好像偷懒一样。这个事是什么呢,你是偷点懒,那也是一样。像团购,美团,它就是省点钱,比如酱骨,你再订一个,我吃过,是挺好。洗澡也是一样,美团买,所以现在老了老了倒离不开了。我把微信搁这个(指 Pad)上,没搁在手机上,为什么呢,手机太小,将来买个大的手机。

从电脑到 Pad,从 QQ 到微信,从托人购买到自己淘宝,从跑门市部到网络理财,至于团购、网络支付、转换文档语音等,几乎年轻人一般能做的事情,他们都会做,可谓是"全能老人"。这种全能老人在现实生活中并不多见,一旦遇到就会感觉到像神一样的存在,毫不夸张地说,有些老年人对一些技能的掌握程度超过一般的年轻人,比如做表情包。还有一位全能老人做了几种专门针对老年人如何学习和使用网络技能的"教材"。与社会互助机制相比,社会自助机制可以帮助老年人突破一般的群体性局限,特别是·旦某一个老年人圈子里能够有这样一位全能老人,整个群体的网络技能的掌握水平都会得到一定的提高。但社会自助机制的存在有许多先决条件:①老年人本身有比较高的知识和技能水平;②老年人愿意尝试和学习新的知识和技能;③对新鲜事物具有较强的好奇心;④有一定的经济基础,能够承受尝新的成本和损失。上述四个条件中①和④是相对客观条件，但并不意味着具有较高学历和较高经济收入的老年人都会成为全能老人，事实上，只有具备了②和③的条件，有意愿和好奇心的老年人才更有可能成为全能老人。因此，在老年人的行动愿景中，起决定性作用的往往不是社会经济地位，而是老年人的行动意愿和心态，而提高老年人的上网素养，对他们进行赋能，从某种意义上讲改变他们的行动意愿和心态最为重要。只有改变了老年人的行动意愿和心态，才有可能让老年人更多地按照社会自助机制来学习和掌握新的网络技能，也只有让老年人进入一个良性的自我学习、自我突破的自助机制中才能够获得美满的晚年网络生活。

（三）社会关心机制

网络传播形式趋于多样化，其中视频和短视频都是较为流行的传播方式，也是比较能够吸引老年人注意力的传播方式。尤其是一些视频的制作者为了吸引观众的眼球，扩大视频的传播范围，多制作一些离奇或者耸人听闻的"故事"视频，而老年人对这些"故事"缺乏足够的信息识别能力，这就导致他们互联网行动愿景会产生与一般人不同的地方。那么这些耸人听闻的视频会对老年人的网络行为产生什么样的影响呢？下面这段对话非常有意思。

问：觉得网上的信息能相信吗？

答：哪些一看就是假的，或者谁发的一看就是假的。桃刚下来的季节，帖子上有一个人拿着喷壶喷药，下面有字，我对这个帖子就想，是真是假，说桃是喷药的，这个桃不能吃，而且地点是山东，山东生产桃嘛。

答：还有往西瓜里打药水的，用针打，寻思寻思，都不敢买西瓜。

答：还有从虾里挑出小虫子。那个是真的吗？听人家说那是虾的内脏，当时我把这个发了，让我家人都别买虾，买的时候都瞅瞅。

问：您转发了？

答：对，我转发我家人了，别人没转发，我家人顿时就有一个大外甥说，舅妈，你说得不对，怎么怎么的。我也是听他的。

答：还有一个微信说家里的坐便器里有一个长虫，把下水道都咬了，也不知道真假，一个男的拿一个像捞鱼的网，把长虫从存水的那儿捞出来了，这么长的。

问：这样的帖子会转发吗？

答：也不相信，不转发。自己看完都够恶心的了，不知道，因为那个视频就一个网，也没看清是什么，一点开之后特别恶心，像这样的不可能转发。

可以看到，老年人最关心、最有可能传播的视频是与食品安全相关的，比如在老年人提及的视频中，集中在桃子、西瓜、虾这些食品安全上面。而且老年人愿意将这些视频传播出去，传播的范围则是他们关心的家人。关心的事和关心的人，这两者构成了老年人互联网行为的两个重要因素，这两者也会导致他们的网络行为带有一定的特殊性，一方面他们会过度关心一些和他们生活切实相关的话题和内容，在缺乏信息识别能力的情况下，过度关心会导致他们的行为看上去不太理性，反而成为一些错误信息的主要传播者；另一方面老年人对自己不关心的事情和不关心的人往往会采用泰然处之的态度。

就像土话说的似的，林子大了，什么鸟都有，只不过互联网现在更方便、更快捷，让你随时就能看到这些了，没有这个东西的时候，你只能听新闻、看电视新闻介绍，但是这个来得直接，非常快捷，快捷方便的同时，负面的东西也带来一些，但是这些事在社会上不是什么都有吗？

这种泰然处之的态度也说明，在老年人的生活中互联网行动愿景只是一小部分，传统现实生活转移到网络生活，对他们是局限和封闭的，而不是开放的、有突破的生活愿景。

（四）社会意义机制

在一般人的理解里，人到老年很多事也就可以随心所欲，没有必要拘泥于对社会价值和社会意义的追求，调研中能够看到的情况是，老年人对有意义、正能量的追求非常明显，让人感觉社会上经常流传的说法"坏人都变老了，老人都变坏了"就是造谣。一位老人说，"得根据你自己微信圈里人家需不需要，有需要的，你可以单发给他，一般情况下，有意义的事发到朋友圈，其他的就不往朋友圈里发，反正我是这样的"。这里可以看到老年人强调两个要点：一个是人家需不需要，另一个是有意义的事。实际上，这位老人家对有意义的概念还是相对模糊的，并没有一个明确的表达，而后面这位退休的教授对有意义就有了更加明确的表达。

一直到2012年退休，那时候我还不会微信，在什么情况下学会微信了呢？我善于投稿，咱们学校有《晚情》杂志，那时候有好多领导告诉我，你把微信建起来吧，以后电子版传递要方便一些，比纸质版容易一些。就这样，换了智能手机，也是我们学校学生给我注册了微信以后，我的微信大部分用来观察、浏览国际上的文章，比较感兴趣的，或者国内的正能量方面的文章。另外，我的微信传递我的摄影资料，因为我喜欢摄影，而且我在咱们学校也兼职大学生社团摄影协会名誉主席，在职的时候，在外面兼着哈尔滨市教工摄影协会主席。现在我的微信就这么大的功能，每天早上起来看看，我们支部的一些文章也好，包括一些传递党的文章也好，弘扬正能量的、好人好事，其他的关于赵本山如何如何，我都不感兴趣。这就是我对微信的使用方法。看周边的领导也好、同事也好，看人家的微信是怎么使用的，不会的咱们学学，会的呢，咱们主要吸取政治营养和精华。

这位会摄影的教授眼里，微信所承载的有意义的事情包括三件：传稿、摄影和传递正能量。前两者与他的兴趣有关，后者则与他的生活态度有关。老年人对互联网生活有意义的理解还有其他的理解和解释，下面这位老人的看法可能比很多青年人准确得多。

我发朋友圈必须是消息很真实的，很有价值意义的，这是我的宗旨。打个比方吧，说饭后百步走不好，现在都说饭后要休息半个小时再去走。我从几方面证实这个消息比较适合，大家都觉得比较好，老少皆宜的，我会转发一下。现在都说远离陌生人了，这我是不赞成的，这个社会大家肯定要抱团的。

现在为什么负面的东西看起来很多？以前的传播都是闭塞的……只是传播面扩大了，这个事实是存在的，有了这个事实，媒体就传播它。所以我们要怎么样利用好这个传播工具，避免负能量，要传播正能量。主要是上网传播得快一点，你像人跌倒了扶他起来，讹诈他，这样的事情能怪到微信吗？不能，但有了它以后，传播得快了。

这是另外一位老人对有意义的理解：真实、正能量。而且这位老人还指出了传播速度、传播方式与正能量之间的关系。

综合上述几位老年人对朋友圈的看法，其中最核心的概念就是有意义，这种有意义说法的背后是老年人自身的社会价值观和对微信等媒体的看法，他们通过对自身转发消息、朋友圈等网络传播媒介的控制，让他们所理解的有意义的内容——真实、兴趣、正能量等尽可能多地传播，这种社会意义逻辑对老年人所处的、相对有限的网络世界而言，是一种净化，但同时，对他们所理解的社会意义的追求会不会引发代与代之间、群体之间的冲突呢？

四　畏惧机制

（一）科技恐惧机制

科技恐惧症通常用来形容老年人担心和害怕掌握不了新技术，而拒绝了解和使用新技术产品，在社会进步过程中自我封闭，最终不能够融入现实生活。互联网时代，科技恐惧症只是一个笼统的说法，在研究的过程中，可以看到老年人对网络科技的畏惧是多种多样的，比如微信、二维码和流量等。这些畏惧有的源自日常生活中发生的事件，而有些往往是一般人不太容易想到的故事。

老年人对信息泄露的担心是比较普遍的，既有怕别人冒充自己骗子女的，也有担心别人冒充子女骗老人的，比如下面两位老人所说的：

> 上岁数的人信息泄露以后，微信里也说了，借助老年人微信

里的这些信息骗孩子们。孩子一看老人打来的，给我打200块钱吧。你看着是老人，打吧，很正常，不用问就直接打过去了，怕这个泄露了。

新闻里演过一次，有一家孩子不知道，那个人冒名他的孩子，姓名什么的都知道，他家的信息，他家几口人，老人，他都知道，就给老的去了电话，说他家孩子出事了，要钱。他家老人就着急，到银行取钱去，银行管理人员不让他取，说你跟你家孩子证实一下，是不是这回事。他一给他家孩子打电话，他家孩子不知道，没有这事，所以这就是骗子。

这两位老人担心的都是信息泄露，他们都认为在使用网络的过程中家人或者自己可能出现上当受骗的状况，由此，他们会规避一些行为，比如不填答网络问卷、不使用需要详细注册信息的 App 等。有些老人还很注意对自己手机里的信息保密，注重手机使用过程的安全。下面两位老人就是典型的例子：

我的联系人都输到这个手机里了，手机坏了不用了，我拿出来以后，把该删的都删了，但是卡里有时候还有。手机坏了或者不用了，它早都存到里头去了，外头删完以后还是有，所以不能卖。我不卖手机，就搁在家里。

我的手机新换的，结果有一些联系人没弄上去，还是当时我买手机的时候工作人员给我弄的，剩下的我就抄到纸上了，最近才一点点输入进去，把原来的手机留起来，我怕有的信息泄露了。

从上面两个例子可以看到，老年人在自己能力所及的范围内是努力控制信息泄露的，删通讯录、保留旧手机等，这些方法都是使用传统的手段，而非新的技术。换作一个年轻人想要删除或者录入通讯录，可能只需要安装一个 App，花费几分钟的时间，老年人却需要一条条地删除，再一条条地录入，只能够用最原始的方式来确保他们的信息安全。这两个老年人的例子能够说明老年人畏惧的是前沿技术产品，而应对畏惧的方式是原始的，这种前沿技术和原始手段之间的对立才是老年人难以融入网络社会的真正原因。

老年人的畏惧机制可谓包罗万象，下面这位老年人使用网络最担心的是手机流量问题。

> 我有，我就害怕流量，所以我始终没说流量的事。一般我觉得流量够用，因为在家里有 Wi-Fi，在单位有 Wi-Fi，这屋也有 Wi-Fi，不使用什么流量，我的套餐里只有 200M 流量，但是每月还能剩一些。出去，比如到饭店去吃饭，有免费 Wi-Fi，到商店购物，有免费 Wi-Fi。只要有免费的 Wi-Fi，我就把数据关掉，就用那个。尽管 200M 不是很多，但是也够用。就是到长营岛（音）这段，跟家里联系，那块儿没有 Wi-Fi，我们去年住了一个月，我就买了 1G 的流量，才 40 块。

这位老人家的担心表面上是流量，实际上是流量要花钱，即便是知道流量价格并不是很贵的情况下，也时时刻刻都担心着。换个角度思考，如果能够给老年人提供定额的或者便宜的新技术服务，势必可以减少老年人在这方面的忧虑和担心，促进他们轻松和放心地使用网络产品和服务。另外，从老年人互联网赋能的角度来讲，克服畏惧需要降低他们的使用成本，在互联网和共享经济遍地开花的今日，针对老年人的低价格或者免费的网络产品能够提供有效的帮助。

老年人形成畏惧机制的另外一个重要原因是社会信任的整体性缺

第十章 中老年互联网行动愿景与行为的机制分析

失,在扫二维码的对话中充分体现了社会信任与畏惧机制之间的关系。

问:像超市门口有时候说扫二维码送您小礼品,您会扫吗?

答:坚决不扫。不相信那玩意儿。

问:会不会也错过了一些正规的?

答:现在有的卖东西就让你那样扫,我几乎不扫,错过就错过。不想占那点小便宜。占那点小便宜,损失比它还大。

问:有时候商家办会员卡,您会留自己的手机号吗?

答:一般我都用家里电话,不用手机号。用手机号从来不写(真的),我从来把号换一个,连我的姓名都换。比如有时候上会展,我姓名都换,我都编一个名,手机号得换两个或者一个号。

问:像超市门口有时候说扫二维码送您小礼品,您会扫吗?

答:现在大超市门口都摆一些盆、碗,说你扫二维码就给你个东西,我们都不扫。电视上说过,扫了二维码的,你的钱全没了。

问:是因为您绑定银行卡,所以特别小心吗?

答:对。去年我们同学聚会出去玩儿,上千山,爬千山,我们带的水少,我们谁也没想到爬那么高的山,结果带水带得少,走到半截了(碰上)卖黄瓜的,你说一根黄瓜多少钱?一看我们是外地的,朝我们要5块钱。5块钱我们不买,这帮人咋舍得买那个?后来他们有扫码的,康师傅的水,说阿姨、叔叔,你们扫码就有。我们说谁会扫?谁也不会扫。有一个小小子,可能也是领着孩子出去玩儿的,他给孩子扫了两个,一看我们不会扫,我们这帮人说行了,别喝了,渴着往上爬吧,这个孩子就说,阿姨,我给你们扫两瓶吧,他用他的手机给我们扫了两瓶。我们这帮人就说,你看咋弄?也不敢扫,一个也不会扫,怕(被骗)。

问:是觉得年纪大了还是觉得看不懂?

答：像人家小年轻的，你们看东西还能看出真假，我们稀里糊涂的。也是年纪大了，再一个现在社会骗子太多了，所以怕上当。对微信也不太明白，只是会用了，大概的就看看，究竟它怎么回事，整不明白，安全起见。

这两组对话非常有趣，在手机支付日益盛行的今天，老年人却不敢扫二维码，而不敢扫二维码的原因是非常复杂的。首先，老年人对二维码不熟悉，无法区分支付的二维码与关注的二维码，把两者混为一谈。其次，和担心流量费一样，老年人担心经济上的损失，为了确保绝对安全，宁可不占便宜。最后，也是最重要的一点，对商家、对个人、对社会的不信任，在老年人眼里，这些有可能是骗人的，他们无法分辨哪些是真，哪些是假，所以选择了全部不相信。在畏惧机制下，老年人应对网络风险的策略就是把自己与任何可能存在风险的产品、工具和服务保持足够的安全距离，把自己包裹在自以为安全的环境下，这种绝缘式的处理方式显然对老年人享用科技进步带来的成果和便捷存在负面影响，不利于互联网对老年人的赋能。解决这一问题的方案只可能是提升整个社会的信任水平，避免老年人陷入谁也不信、自我隔离式防备的困局。甚至有些谨小慎微的老年人还在寻找绝对和确实的安全。

我出生于1949年，今年69岁。生在新中国，长在红旗下。我是工人，原先在后勤系统工作。另外，我的微信跟银行卡没绑定，为什么呢？我这个人比较心细、胆小，怕绑定以后"倒抓了"，所以没使银行卡绑定，支付也没有开通。我用的时间短，去年5月开通的，到现在也就一年半的时间，将来还得适应适应，看确实安全了再开通。基本情况就这样。

（二）操作畏惧机制

智能手机时代人们的信息沟通越来越便捷，但便捷的背后一个不经意的操作就有可能引发误会，特别是在离场社交的情况下，没有办法让对方充分通过语言、表情和肢体动作来理解自己所要传达的信息。在手机操作上，老年人会有点"笨手笨脚"，产生的误会让人啼笑皆非。

> 拿着手机，有时候本来没给你发信息，嘣一下就过去了。我大侄刚才跟我说，"大娘，是不是你手机坏了？"我说没有，实际是我早上起来都没看，风湿的消息，给他发了。（我）没发，不知道怎么碰的，手机怎么这么敏感？有时候都没给人打电话，别人的电话就过来了，"你给我打电话了？"我们说没有。就连那些图、小人，往上发也是。因为它是触摸屏，所以放在口袋里就会误拨，我也有这种情况。
>
> 我兄弟媳妇过母亲节，给我发一个红包，我收到了，也不知道是怎么碰的，真不知道怎么碰的，有一个"你嘚瑟啥"的微信，我不知道怎么碰了发了，到下午了我才看见，我就赶紧给她打电话，说兄弟媳妇，不知道咋碰的，你可千万别往心里去。她说嫂子我知道你是大大咧咧的。你说赶得多巧啊，给我气得。那天我跟我儿子说，要不给妈换一个老年人的手机吧，那些老太太使的那个。我儿子说得了，你就使这个吧。他说，妈，你刚会使微信的时候，我们单位的人都羡慕你，都说你妈还会用这玩意儿？我说得了，现在总出错。我就说，这些事能锁就锁上它。我也没发，也没干啥，不知道怎么碰了。人家母亲节给你发红包，你一收到给这么一个表情。我都没看着。

产生误会的原因还是智能手机追求操作便捷，而老年人的操控能力弱于年轻人，在操作过程中难免出现失误，操作失误就会带来种种误会，误会反过来让老年人愈加担心自己操作不灵，甚至萌生出不再使用智能手机的想法。操作畏惧对老年人而言只是互联网行为的细节，但也反映出老年人作为一个被动的接受者，在产品设计的细节上是被忽视的，甚至不如在非智能机时代的待遇，那个时候还有老年机，智能机时代似乎已经没有了老年机的说法。既然被忽视，老年人操作畏惧机制的产生也就不足为奇，他们畏惧的原因实际上是缺乏保护和照料，因此，破除他们的操作畏惧机制的关键在于如何生产出适合老年人使用的产品。

（三）链接恐惧机制

链接——网络时代几乎不可避免要使用到的名词。有人说，链接最终使万维网形成一个网络，因为链接会指向一个目标，这个目标可以是一个网页，可以是一个网页上的不同位置，还可以是图片、文件、程序……这就意味着链接背后隐藏的可能是整个互联网，对年轻人而言，或许是令人好奇的新鲜事物。但对老年人，链接就是一个怪物，后面仿佛隐藏着各种阴谋诡计与陷阱。

> 那个（链接）我从来不转。一看就是骗人的。有时候我看到后面全是字母，干脆一删。有时候你要想看，你点了，是给你那么点儿，我出去的比这还多。
>
> 国家又有一条消息，对这些容易上当受骗、倾家荡产的也有，所以我们经常看这个，就不敢点那个。
>
> 像我这个，都是移动发的，我就不敢点。
>
> 移动的，我真的看见了，免费赠送你多少，不敢点。

我昨天还真去问了，我爱人的手机也赠送了一个，就说咱们去问问，是不是真的，他说我这个是真的，给免一个月的。比如我昨天去办的，从9月1号开始到9月30号，他给你办完以后，给你发过来了，你这一个月使不完也作废了，使完了就使完了。但是我们这个就是移动，所以也方便，一般从来不点，没事儿上那儿去问问，就怕上当，怕一点错了咋整。

我也经常去问，我不愿意问的，我不相信。有时候你再去问，（他们说）你这个过了好几天了，不能给了。

这一段从链接谈起的对话的精妙之处就在于老年人把链接理解为一串字母，却并不真正关心字母背后到底有什么，只是关心背后有什么风险，而且能够迅速地在群体中找到共同的话题，也是共同的风险点——移动公司发来的链接——原因在于大家用的都是移动手机号。风险点从链接安全问题转移到了移动公司赠送流量的不合理，甚至不靠谱。面对网络中链接背后可能出现的安全问题，老年人的解决方案是再一次回到他们的现实生活——去营业厅咨询。在老年人那里，链接引发的安全问题由移动发来的短信开始，以到移动营业厅去询问解决结束，形成了一个链接恐惧解决方案的闭环。由此可以看到，老年人在解决网络中遇到的他们无法清楚地了解或识别的问题时，就会转向寻找自身知识储备中与之相关的内容，并以此入手作为未知问题的解决方案。但是老年人自身知识储备中关于网络的相关内容相对有限，依据自身知识储备解决网络未知问题的难度自然很大，这也会导致老年人习惯选择规避网络中未知或他们认为不可控的领域。

（四）惧怕偶发社交机制

尽管网络实名制在很多的网站、应用和程序中都已经非常普及，每一个人的网络 ID 有时候像是人们的第二个身份证，但对老年人而言，他们始终对网络 ID 存有比较大的疑虑，很多人对网络的看法还停留在"不知道对面和你聊天的是一个人还是一只会打字的狗"的阶段。下面这一段话来自一个老年人的讲述。

> 因为居民群里，是我们学院社区的居民群，他们说要发，居民组织一个群募捐捐赠，我是这么回应的，好像我对你，你也没用真名实姓，也没有，我也对你不熟悉，你如果要建群募捐，我们心里愿意，但是你要用真名实姓，不可能一个人募捐的，一个人代表一个集体的。因为要组织，首先要组织人员，然后再一起募捐，我们都可以，因为（没有）真名实姓，你是谁我们根本都不知道。

在这位老人眼里，网络中组织的募捐行为存在比较大的风险，其中最大的风险就是非实名，也就是由于网络社交本身的不在场性，人与人不需要面对面的交往，可以进行沟通，但不知道对方究竟是谁，存在上当受骗的风险。网络实名和不在场社交是一对存在的矛盾，但老年人网络生活中还有一种正好相反的矛盾，即在场社交和信息泄露之间的矛盾。

> 十多天前我上道里去，跟六安街（音）等车，有一个小伙子说你有一块钱吗？我说有，然后我就翻包，给他拿出来，他说我给你扫一下微信吧，我说不用。他说我坐车没有零钱，我说我有，我就赶紧给他翻，翻了半天翻出来了，他说我给你扫吧，我给你转过去。我说不用不用，我说我不要，我心想，你给我，再把我的信息偷走了，我给你一块钱。这种现象我常碰到，但是给我转一块钱

的时候少,他说没有零钱,上车有时候跟司机杠,没有零钱,差一毛两毛的,有时候管我要,我一寻思,一块钱,给他吧,就这样给他。但是说转给我的时候我真不敢要,我怕他把我的信息偷走。

这位老人遇到的事情看起来和第一位老人遇到的事情恰恰相反,一个是不在场社交,一个是在场社交;一个担心信息虚假,一个担心信息泄露。但这两个老人的例子背后有一些共同的逻辑,这个逻辑就是老年人不适应现代社会的偶发性场景社交模式。所谓的偶发性场景社交是与传统场景社交模式相对应的,传统场景社交都是在一个固定的场所、圈子或者熟悉关系属性的人与人之间可持续、重复、往来的社交模式,而偶发性场景社交则是在非固定的场所、圈子和陌生关系属性之下的,不一定可重复的社交模式。现在朋友圈比较流行的捐赠、投票都属于比较典型的偶发性场景社交,微信群中陌生人之间的互动和现实生活中的扫一扫行为也都具有偶发性场景社交的性质。年轻人对偶发性场景社交模式已经习以为常,但老年人带有比较强的畏惧心理,这种畏惧心理背后是对新的生活方式和社交模式的不适应。

五 家庭机制

(一)子女领路机制

对大多数老年人而言,子女都是父母学习使用智能手机、使用微信、进入网络世界的领路人,但老人们非常明白,指望孩子持续地带着他们深入网络世界、学会操作复杂的App并掌握新的微信使用技能的可能性是不大的。

因为和子女学，现在年轻人，我们儿子、女儿，你跟他学很不好的，你要跟他说什么，他一下子搞好了，好了，还是没会。自己摸索，差不多大家互相你会这个，我会那个，一交流就好了，都这么学出来的。

子女对教父母使用智能手机缺乏耐心，而老年人对子女沉迷于手机的生活也往往多有不满。

现在的小孩太那个了，手机一天到晚不离手，在电梯里面也要看看手机。基本一上地铁坐下来，或者靠在那个杆子上马上就拿手机。

对子女过度依赖或者沉迷手机的现象，一方面，老年人感到反感，毕竟在他们以往的生活经历中都是人与人之间打交道，特别是在家庭内部，不可能一边聊天一边玩手机；另一方面，手机和微信的存在让子女和父母之间也存在一定的反应空间。

你要是微信过去，小孩没反应过来，马上就一个电话过去了，怎么回事？哦，在忙。现在都是微信过去，他要是有空的话会马上回复你，我们这样也不打扰他。

同时，有些老人也认为不要说孩子，就是自己在学会使用智能手机和微信之后，也很难戒掉。

怎么说呢！也产生了一个问题，现在好像感觉离不开这个手机了，其实这很不好的，尤其对我们老年人来讲，一方面颈椎要犯病，另一方面就是眼睛。所以我有的时候（想）要戒掉，戒不掉的。出去别的事情都可以忘记，手机千万不能忘，我可以身边不带一分钱，但我这个手机要带出去。我不带一分钱的话我到店里可以刷微信支付、支付宝支付，都可以的，但如果出去，我手机没带，今天总感觉无所事事。

我觉得我们老年人有了手机以后时间非常充足，比如说上午买菜、洗衣服，到下午睡一觉没事可干了，那个时候拿出手机跟朋友聊聊天，看看新闻特别充实。今天如果不带手机，不是担心人家打电话，而是怕漏掉了微信跟人家沟通。那个时候我们觉得有老年机就挺好了，能随时跟人打电话，用了智能手机以后就觉得那个老年机太差劲了。

离不开手机其中最重要的一点还有可能是要用手机搜索来表达自己对子女的爱。

还有刚刚在说的离不开手机，我当然也有一点体会，因为我们现在人真的有点离不开手机，最简单的例子，我女儿说，妈我要烧什么菜，我不会我就上网去查怎么烧。一面手机开着，一面油盐酱醋开着我就烧了。

（二）子女阻碍机制

子女和父母之间的数字代沟不仅充分体现在两者掌握操作技能的差异上，更糟糕的是，子女对父母使用智能手机和互联网通常都是抱着完全没有信心的态度，有相当部分的子女认为父母能够使用一般的社交软件就可以了，至于复杂的操作则是没必要的，尤其是在互联网支付环节。

没有，不开通那些，因为孩子老说，告诉你，可千万不能谁说啥你就相信，到时候你就上当受骗。孩子说啥咱们得听，像你们年轻的，都懂，啥都知道，所以回家就告诉我们，千万别开（网银）。我们也没办卡，也开不了支付，像她还能买东西，我们都不弄，因为我家孩子说，妈，你别整，我告诉你，你看你戴着眼镜再点错了，发10块你再点成100的、1000的，可就坏了，你要买什么我给你买，所以我们啥都不整。比如我们买火车票什么的，都是我家孩子从网上给我买。找旅店，他弄好了，你去吧，到那儿旅游住进去就成了，都是孩子从网上弄，不用我们，我们弄不好咋整？

复杂的我还没操作过。我们就用照相，发语音，基本的手写，再发个帖子。要是一支付钱的时候，我那天学会支付，我买瓶汽水，我翻钱要给他10块钱，他说你手机里有钱吗？我说有啊，我说我不会，他教我了。但是那天我发红包，要我密码，不给密码就发不出去，我就把密码按了，按完就发出去了，我的天哪，我的心跳得怦怦的。因为我的银行卡绑在手机上了，我这心跳怦怦的，赶紧给我儿子打电话，我儿子说你就乱用吧，到时候你就该吃亏了。我说能吗，他一吓唬我，我一下午没得安心。

整不明白，瞎按，所以孩子也不支持（绑定银行卡），最多是你想发红包，像过年过节了，孩子给你发100块钱，爸，你发吧。其实也都是给这帮小孩儿。不支持。你要买什么东西你说就行了，他们在网上操作比咱们要灵活得多。从内心来说不绑，就抗拒，用卡的时候都少。

这里可以非常清楚地看到，很多子女会反对老年人绑定银行卡，使用网络支付。当然，必须承认，子女可以通过帮助老年人购买、充值、缴费，发挥很大的替代作用，但真正实现给老年人赋能还必须是老年人自己掌握这些技能，并且用这些技能改善自己的生活。实际上避免老年人上当受骗的方法有很多，有一位老人自己就说，绑定一张钱很少的银行卡就可以避免大量的损失，这种简单的规避风险的方式却往往被子女简单粗暴地阻止父母使用网络支付的行为所取代，这对老年人而言，反而失去了更多拓展自己生活空间的机会。由此可见，子女的阻碍效应一旦出现，对老年人负面作用也是非常大的。

（三）方便家庭生活机制

互联网，尤其是移动互联网的普及极大地方便了人们的生活，老年人由于其网络使用程度有限反而是受益较少的人群，但有一些"特殊"的老人也能够近乎全面地掌握互联网的种种操作和技能，且看看互联网是被如何描述改变他们生活的。

老人A：我虚岁74。微信使用很长时间了，刚开始有的时候就用，使用好多年了。家庭购物好像是以网上购物为主，包括家里的床、沙发、食品、服装、鞋，甚至小电池、磨刀器、营养药，主要是淘宝、网易海购、京东、唯品会这些网站。有时候一个月能有个十几次，多的时候，"双十一"的时候多买一些。因为有支付宝，所以在外面消费一般就用支付宝支付，有时候也用微信。用得比较习惯，有了手机，不用带那么多现金。包括买火车票、订宾馆，出去旅游，全部在手机上操作，特别方便。

S叔叔：原来我出去旅游，拍得很好的那些字画，拍下来以后不能放大，很醒目的，他们的能放大，一放大就能看出，好的文章都能照下来，我就开始学了，学了这个微信以后，我觉得非常方便，有的时候打个电话，有的时候对方忙，我手机没有在身边，不方便，但是通过微信我发出去了以后，他就看到我了，他就回我了，还有视频，我觉得就非常好，就跟人家学习。回来一看就方便了。

老人C：我早就有了，因为我这个职业，我是财务背景的，网上认证什么的，做报表。因为我还在网络上面，在文学网上面担任首版，还经常发表长篇小说，在网络上还是有点小名气的。我主要就靠这个手机。住旅馆什么的，网购什么的。还有我水电煤都是在这上面缴费。我送女儿上班，我比较熟，前面就是一个修轮胎的地方，我就把车开过去。这个轮胎不修的话不行，要换两个轮胎，换好一点的，现金没带，银行卡也没带，就扫支付宝，支付宝他还不会用，我说你们里面谁有支付宝？总归有一个吧？我说我钱打给你，你再给老板。我送女儿上班，我不可能带现金也不可能带银行卡。

老人D：吸收新鲜的事物比较多，新闻、娱乐样样都有，我这里面都装得满满的，我对口的医院，同仁医院，我对口的春秋旅行社，和携程，我都有。有什么他们都会通知我，还有同城，会通知，阿姨，今天有特价，都会通知我。

上面几位是调研过程中接触到的，使用网络和智能手机比较麻利的老人中的一部分，虽然只是一部分，但这部分老人完全颠覆了人们对老年人使用网络的认识。通常在使用网络中存在青年人—中年人—老年人的鄙视链，但在这几位老人身上，你会发现，他们处于鄙视链的上端，生活全靠手机、出门不带现金，还有可能嫌弃修车店的老板不会用支付宝……这种接触到的现实版的"全能老人"用活生生的案例告诉人们：不是老人学不会，而是社会教不对。有老人这样说：

> 实际上微信，老年人都想学，他们都羡慕，想学，好像是很深奥的，但是我觉得真正要想学的话，也并不是什么太难的事情，只要不怕学不会就可以了，怕买了一个智能手机不会使用，像我们老年人还是可以用一下的。像我一个朋友也是担心，没有人教他，我说你去买了以后，我包你一个星期就可以简单使用了，实际上只要多练多操作肯定会使用的，跟驾驶员一样。

使用微信和驾驶员一样，看起来风马牛不相及的两件事，在老年人眼里却有着那么密切的联系，讲白了就是熟能生巧而已，而且，与考驾照不一样，微信使用没有年龄限制，可以随来随学。这里透露出一个最关键的信息是，并不是老年人不愿意学，而是现实社会让老年人能够感受到各种各样的不方便、不适应，反向地阻碍了他们了解、学习和使用互联网的动力，或者说，老人本身可能缺少学习的动力，那么撬动老年人学微信的动力除了生活方便之外，还有哪些呢？

1. 工作驱动型

> 我是去年（2016年）5月1号开始用的。去年5月1号之前对这玩意儿挺反感，我儿子总说你用一个，用一个。另外形势需要，我当支部书记，群比较多，我们支部连群众带党员一共400个人，党员就120多人，最主要是工作需要。我儿子说你用吧，我就弄了一个。

2. 爱凑热闹型

我们现在拿着手机就是看热闹了，我们的手机里有不同类型的人、各个层次的人，他们发来的微信都不一样。像我儿子的中学老师，我们一直保持联系，他现在在天津南开大学，他是个中学老师，他跟他爱人过去的，他爱人是诗人，她的诗都给我发过来。但是咱们的层次不一样，每次发来的诗，咱们就看看热闹。

3. 跳舞唱歌型

现在一弄K歌，没事儿就唱歌。现在我的想法是，一个是现在还能动得了，但是儿女这种亲情是有时有会儿的，他们都走了，各忙各的，咱们这个岁数愿意找这个岁数的，或者有什么活动，像跳跳舞、唱唱歌，在一块儿，这样比较好，因为什么，毕竟这么些年都挺忙，从今年把地收回来，就这么点儿工夫，你还能活多少年呢？以后有条件的话，多组织点这样的活动，让大伙儿在一块儿。岁数都差不多，有点集体活动，互相拉近点关系或者探讨探讨，要不你忙你的、他忙他的，这些年谁跟谁都不亲、都不近，都各忙各的。

4. 爱上朋友圈型

我发现老年人上微信可能跟他的朋友圈有关系，如果他上了微信，他的朋友没有微信的话，而且像我们这个年龄，最多是亲戚朋友不在身边，一般来说年纪如果大的话，那个范围还是很小的，但是我的朋友圈很大的，就是因为我在社区里面也有关系的，接触的面多，我觉得早晨起来第一件事就是看微信。

5. 收藏回忆型

也是这样的，居住来说，两位老人住在一起，子女没有什么大的烦心事，还有平时生活当中有爱好的能够做做自己喜欢做的，还有这个微信倒也是一个点，有的时候没有事了，微信翻出来再看看以前看过的，我再看看照片什么的，也蛮充实的。

6. 志同道合型

就是通过网络，找一些志同道合的朋友聊聊，大家发起一个话题到哪里去玩玩。每个月要好的同学聚一聚，碰个头，像我们同学有大圈小圈，小圈要安排好，一年两次自驾游，最好找八个人一道出去，每次回来就有半个月可以谈这个事情。因为涉及活动的兴趣，下一次要再讨论一下，上半年讨论好了讨论下半年，下半年完了以后要讨论明年的，就是有一种期盼。

其实，还有其他各种各样的类型，几乎可以这样说，对任何一个老人而言，总有一种生活效用类型适合您。生活效用机制反映出老年人互联网行动愿景里可以有各种各样的要素来改善、方便和优化他们的生活。关键三步，第一步在于老年人是否能够意识到有这样的效用需求，无论是看热闹还是工作需要，这种基本需求的撬动是非常难得的；第二步在于能否找到撬动老年人开始使用网络和智能手机的第一次；第三步则需要支持帮助老年人持续学习，并改善其学习与使用环境。

第十一章　结论和促进中老年互联网融入的建议

展望未来二十年，中国社会有两个持续发展的趋势：人口老龄化和生活网络化。前者催生了数以亿计的老年人，后者成为人们日常生活中不可或缺的部分。如何让老年人在新时代分享互联网红利、实现智慧老龄化是我们关注的议题。我们希望通过每个个体、每个家庭和每个企业的共同努力，激发老年人参与网络生活的行动愿景，推动生成更多适用于老年人的高效、优质、安全的互联网产品和服务，建设老年人友好型的互联网生态。

一　基于行动愿景的中老年互联网行为

本书从行动愿景分析框架入手对中老年人的互联网生活进行阐释。这一框架由行动愿景、社会需要和信息能力三个要素构成。行动愿景的概念是从社会心态结构中的社会价值观和社会认知提炼而成，具体指中老年人对于互联网世界和生活世界的理解和想象。社会需要是社会心态的重要组成，也是社会行为倾向的动力基础，与行动愿景存在互动关系。信息能力在技术上完成了价值赋予的过程。信息能力体现了中老年人在信息化时代所具有的素养和能力。围绕这三个关键要素，本书对中老年互联网生活进行了系统分析，得到了如下发现。

第一，中老年人互联网使用现状方面，中老年人虽然在网民中属于少数人群，但比例在逐年升高，使用社交应用的中老年人也逐渐增加，越来越多的中老年人进入了互联网世界当中。中老年人接入互联网的硬件以手机为主，随着网络需求的增加，中老年人对手机的要求也不再局限于通信功能，而是对速度和存储空间都有了更高追求。

第二，中老年人日常对互联网的使用主要集中于沟通交流和信息获取方面，但一些在人们印象中年轻人专属的便捷功能也渐渐融入中老年人生活当中，如看视频、手机支付、手机导航、打车服务以及微信小程序等。总体上，中老年人使用网络购物的比例较低，但近半数中老年人会使用手机支付。

第三，中老年人在互联网上点击最多的资讯是和慰藉心灵、调节情绪有关的心灵鸡汤和幽默段子；其次就是时事新闻，尤其是国内时事和军情，体现出一种家国情怀。中老年人最喜爱的音频是与心理咨询相关的内容，一定程度上反映出中老年人需要理解和关怀的心理需求。

第四，中老年人参与最多的集体活动是运动健身和旅游，此外，老年女性参与广场舞、交际舞的舞蹈活动和唱歌活动的比例也较高。当前，微信成为中老年人组织和参加活动最为常见的方式，其次才是电话联络和面对面沟通。

第五，在微信上转发文章成为中老年人的社交手段之一，且存在社交圈区分，调查对象对不同类型的微信文章有不同的喜好，并且，在阅读文章后会转发，通常转发在朋友圈的人数较多，同时，还会根据文章内容，有选择地转发给不同的社交圈内的人，将转发文章变成了一种社交方式。如对于情感类、生活常识类、养生保健类、投资理财类和励志类的文章，首先想转发给子女和家人，表达一种关心；而对于旅游、舞蹈/广场舞和摄影、爱国/军事、高科技相关这类与个人爱好关联较大的文章，首先想到转发给志趣相投的朋友；而人文历史、社科思想类文章，也多是想到转给志趣相投的朋友或是同学，或是成长背景相似的知青和战友。

第六，在信息化时代，随着社会发展、家庭结构的变化和人口流动的加剧，中老年人的美好生活需要不再局限于吃穿够用和儿孙绕膝，而是开始注重生活品质，强调个人兴趣和自我价值的实现，追求自由、独立而不是围着子女转的生活。在养老观念上，也不局限于养儿防老的传统思想，而是开始接受一些新的养老形式，如抱团养老。中老年人的互联网需要日益增强，越来越多的中老年人表示生活中离不开互联网。数据分析显示，中老年人这些美好生活需要与互联网的发展有关，推动中老年互联网融入有助于培育其积极的社会心态。妨碍中老年互联网融入的因素主要包括硬件操作不便、个人兴趣不足和缺乏学习渠道与子女支持。

第七，中老年人的信息能力处于中等水平。与人交流的信息通信能力较强，信息管理和信息化问题解决的能力中等，信息交易能力和信息创造能力偏低。信息能力与社会经济地位有一定关联。中老年人的网络安全素养处于中等偏上水平，其中，信息甄别能力最弱，因此，应注重对虚假消息和谣言的监管，培养中老年人辨别信息的技术能力。

第八，调查中的中老年人关于互联网呈现这样一幅愿景：互联网给生活和心态都带来好处，安全性不确定，不太具有深入学习的需要，没有年龄和学历的限制，对互联网接入设备（智能手机）有一定的科技恐惧。超过半数调查对象对互联网整体上持有的是开放的愿景，超过三成的调查对象持有封闭的互联网愿景。

第九，个体维度的中老年人生活愿景，表现为普遍重视人际关系，希望和家人、子女和朋友都能保持良好关系，关注基本生活保障，对生老病死有所接纳，对老有所为有所希冀，对顺应网络时代的需求相对较低。家庭维度上，中老年人的家庭价值取向较高，普遍以家庭为重，家人优于个人。社会维度上，中老年人对生活世界展现的愿景是对社会具有普遍信任。

第十，互联网愿景和生活愿景彼此交织。生活愿景不同的调查对象，互联网愿景开放程度不同。自我构念明确，死亡焦虑较低，家庭取向、社会信任程度较高，重视老有所为和重视跟上网络时代步伐的调查对象，互联网愿景较为开放。

第十一，互联网愿景与网络素养紧密关联，互联网愿景开放的调查对象更善于管理数字化信息、进行信息交易甚至创造信息，也能够更好地用信息化手段解决问题。互联网愿景封闭的中老年人除了信息通信能力较少受到愿景影响外，其他信息能力都明显弱于愿景开放的中老年人。

第十二，持有开放性的互联网愿景、行动能力强可能降低受骗概率，但也有因此而降低警惕性并最终受骗的风险，或是针对特定人群受骗风险较高。但互联网行动能力强、互联网接触深入本身并不会增加中老年人的受骗概率，对这些中老年人开展应对骗局的知识和方法的普及，增强其风险意识，能够降低受骗概率。没有必要因曾经的一次受骗而让中老年人回避互联网或是因噎废食，这样可能更容易受到其他新骗局的影响，不利于防骗能力本身的提高。

第十三，中老年人互联网受骗影响因素的预测模型中，受教育程度和受骗概率呈负相关关系，收入和受骗概率呈正相关关系，互联网愿景开放性和网络行动能力与受骗概率呈负相关关系，而风险意识起到调节作用，风险意识强，开放的互联网愿景和较强的网络行动能力才能有效降低互联网受骗概率。

第十四，中老年表情包背后具有丰富的社会内涵，如"早上好"，一方面可用于开启对话，另一方面是表达中老年人的一种存在感，向群友表明自己还很健康。

第十五，中老年的行动主体可分为完全自主的个体和不完全自主的个体，"不完全自主"主要体现在中老年人对于互联网的介入和使用方式很大程度上受到外界因素的影响甚至控制，最重要的外界因素就是子女。子女的"不信任"不利于中老年人信息甄别和自我保护能力的培养。

二 促进中老年互联网融入的建议

基于研究发现，本书主张从改善互联网生态、激活老年人的互联网行动愿景以及增强老年人的互联网行动能力和安全意识等多方面，提升老年人的网络素养。事实上，建构老年人友好型的网络生态，并不是将老年人假想为需要保护的弱者。互联网企业、研究人员和政策制定者在面对这一群体的时候，需要尊重和正视他们的表达和需求。过度的保护反而会使老年人在压力面前畏葸不前。这是为什么我们特别强调"容错"机制的重要性，通过营造正向鼓励的环境氛围，消弭老年人面对技术和过失的恐惧心理。

互联网不是洪水猛兽，老年人亦不是我们想象中理所当然的弱者。在日常生活与互联网交织在一起的真实世界中，老年人和我们一样，同属于这个空间中平等的一员。在研究过程中，我们越发感受到"老年人"这一群体可爱的一面。有的老年人会制作表情包和相册，有的老年人会发送语音和录制视频，还有的老年人会网络购物和游戏。在形式多样的互联网生活中，他们会发出属于自己的声音，表达自己的意见，追求自己的美学价值，乃至形成属于他们的互联网集体认同。在互联网的开放世界中，老年人并不会退场，他们也有生产和创造的潜能。

本书具体提出以下政策建议。

第一，强化互联网"容错"机制，构建老年人友好型的互联网生态。为了塑造一种积极的、主动的互联网行动愿景，重要的是要形成一种"容错的"互联网生态，包括互联网基础设施、硬件完善、产品设计与功能以及网络安全环境等。努力营造允许犯错误的、老年人友好型互联网生态，比如互联网平台设计撤回机制，社区和家庭帮助中老年人积极采取补救和自我保护策略，并且集合多方面的力量培养和规范网络安全环境。

第二，加强老年人相关的政府公共服务，满足老年人多层次多方面的生活需求。调研中发现，老年人普遍对医疗保健的热情很高，但是常常被商家和错误的信息误导，而一些案例中医生和基层政府更多地承担了传播科学知识、提供医疗保健信息的功能，则更为有效地防止老年人受骗上当。比如在太仓，政府组织了养生管理群，并且健康管理体系下沉到社区，成立了慢性病自我管理小组，能够让老年人更多地吸收科学的养生知识。此外，政府层面的政策宣传和实施有利于推动老年人学习新技术、丰富晚年生活。比如上海曾经组织"百万老人网上行"的活动，很多被访者从那个时候开始接触互联网。

第三，完善养老和医疗保障体系，增强老年人对生活保障的信心。往更深层次讲，老年人对保健品的"痴迷"也与当前医疗保障体系的不完善有关。调研反映了很大一部分老年人对未来养老问题的担忧，尤其儿女不在身边的独居老人，但是不断完善的养老和医疗保障体系、亲切完善的公共服务，显然能够增强老年人的信心。

第四，加强媒体和互联网安全环境的监管，改善老年人的消费和生活环境。调研中发现，电视台、报纸以及一些官方机构的逐利行为，比如助长虚假宣传、传播不实信息，不仅给很多中老年消费者带来经济损失，也在伤害媒体自身的权威性，这是更加严重的问题。

第五，构建家庭支持体系，提升中老年人网络安全素养。研究发现，儿女和家庭的支持是增强老年人的互联网能力、防止上当受骗的有效机制。从家庭来讲，不仅应当鼓励父母拥抱新鲜事物，创造条件为父母接入互联网，而且心态上树立"容错"的支持体制，儿女允许父母在学习互联网的过程中犯错误，并采取多种措施积极引导老年人加强网络安全素养，比如保护个人信息、不乱点网络链接等。

第六，培养中老年人积极开放的行动愿景，分享技术进步的红利。以家庭和社区为单位，通过各种形式的交流和活动，培养和提高老年人的信息技能。避免老年人在面对互联网的时候封闭自己，鼓励他们多接触、参与、学习和使用互联网的各种应用与服务，克服对互联网的消极想象，以及对科技设备的恐惧心理。要实现老年人的互联网赋能，首先需要实现老年人的信息和心理赋能。

第七，多方面鼓励中老年人建立开放的互联网愿景，提升信息能力和信息参与。研究发现，开放的互联网愿景可以提升中老年人的信息能力和网络安全素养，促进积极的互联网参与行为。家庭和社会可针对中老年人对互联网安全性、互联网存在门槛和智能设备使用不好等方面的担心，普及相关知识和操作，打消中老年人的顾虑，建立开放的互联网愿景；还可帮助中老年人体验互联网的便利，促使其对互联网形成更为积极的愿景。

第八，多维度促进老年人形成积极的生活世界愿景，从而以积极开放的心态拥抱互联网世界。研究显示，中老年人互联网愿景的开放性与其生活世界愿景关系紧密。积极、独立、自主、"不服老"的养老观念，淡然的生老病死观念，对社会上多数人的信任态度，都有利于中老年人形成积极开放的互联网愿景。未来可针对这些方面，通过各种途径加以引导，培育积极生活愿景。

第九，全面提升中老年人的信息能力，鼓励其参与到信息交易和信息创造的过程之中。调查发现，中老年人的信息能力主要体现在信息通信能力上，会在互联网使用即时通信社交应用与人交流和沟通。但是，在信息交易和信息创造方面，中老年人则显得有所欠缺。因此，鼓励和帮助中老年人参与互联网交易和创造数字化内容，不仅能让中老年人更充分地使用互联网，还能让其参与到互联网世界的建构之中，而不仅仅是被动接受互联网的影响。

第十，互联网推出精品文章和视听节目，满足中老年人心理需求。大数据分析结果表明，中老年人最关注的资讯是和心灵慰藉、情绪调节相关的心灵鸡汤，最爱收听的移动音频是心理咨询相关节目。这些都反映出中老年人渴望理解和关怀的心理需求。因此，针对中老年人特定的心理需求和浏览习惯，在互联网上推出相应的精品栏目，是互联网时代对中老年群体的一份特殊心理关怀，也可提高中老年人的互联网使用率。

参考文献

北京师范大学、光明日报智库研究，2017，《青少年网络素养调查报告》。

黛安娜·帕帕拉、萨莉·奥尔兹、露丝·费尔德曼，2013，《发展心理学》，李西营、冀巧玲等译，北京：人民邮电出版社。

高文珺，2016，《社会心态研究综述与研究展望》，载中国社会科学院社会学研究所编《中国社会学年鉴（2011~2014）》，北京：中国社会科学出版社。

何马克，2013，《比特素养：信息过载时代的生产力》，郑奕玲译，北京：电子工业出版社。

居伊·德波，2017，《景观社会》，张新木译，南京：南京大学出版社。

凯迪数据研究中心，2015，《中国网民网络媒介素养调查报告》。

王俊秀，2014a，《社会心态理论：一种宏观社会心理学范式》，北京：社会科学文献出版社。

王俊秀，2014b，《社会心态：转型社会的社会心理研究》，《社会学研究》第1期。

吴玉韶、党俊武、刘芳、奥彤、王莉莉，2014，《中国老龄产业发展报告（2014）》，北京：社会科学文献出版社。

中国国际电子商务中心内贸信息中心、京东战略研究院，2017，《老年网络消费发展报告》。

参考文献

中国互联网络信息中心（CNNIC），2018，《中国互联网络发展状况统计报告》。

Cabinet Office. 2012. "Digital Landscape Research." https://www.gov.uk/government/publications/digital-landscape-research/digital-landscape-research.

Danesi, Marcel. 2016. *The Semiotics of Emoji: The Rise of Visual Language in the Age of the Internet*. London: Bloomsbury Academic.

Findlay, Robyn A. 2003. "Interventions to Reduce Social Isolation amonst Older People: Where is the Evidence?" *Ageing & Society* 23: 647–658.

Firth, Lucy A. & Moore, Kate Anne. 2008. "Can the Internet Improve the Well-being of the Elderly." *Ageing Int* 32: 25–42.

Natalie Gil. 2016. "Why This Older Woman Is Campaigning For New Emojis." https://www.yahoo.com/news/why-older-woman-campaigning-emojis-093100356.html.

Oxford Dictionaries. 2015. "Word of the Year 2015." https://en.oxford-dictionaries.com/word-of-the-year/word-of-the-year-2015.

Smith, Aaron. 2014. "Older Adults and Technology Use." http://www.pewinternet.org/2014/04/03/older-adults-and-technology-use.

Taylor, Charles. 2004. *Modern Social Imaginaries*. London: Duke University Press.

图书在版编目(CIP)数据

中老年社会心态与互联网生活/高文珺等著. -- 北京：社会科学文献出版社，2019.4
（上海研究院智库报告系列）
ISBN 978 - 7 - 5201 - 4401 - 8

Ⅰ.①中… Ⅱ.①高… Ⅲ.①中年人-社会心理-研究-中国②老年人-社会心理-研究-中国③互联网络-影响-中年人-社会生活-研究-中国④互联网络-影响-老年人-社会生活-研究-中国 Ⅳ.①C912.6 ②C913.6

中国版本图书馆 CIP 数据核字（2019）第 036643 号

·上海研究院智库报告系列·

中老年社会心态与互联网生活

著　　者／高文珺　何祎金　朱　迪　王晓冰
出 版 人／谢寿光
责任编辑／杨桂凤
文稿编辑／张真真

出　　版／社会科学文献出版社·群学出版分社（010）59366453
　　　　　地址：北京市北三环中路甲29号院华龙大厦　邮编：100029
　　　　　网址：www.ssap.com.cn
发　　行／市场营销中心（010）59367081　59367083
印　　装／三河市龙林印务有限公司

规　　格／开　本：787mm × 1092mm　1/16
　　　　　印　张：16.25　字　数：208千字
版　　次／2019年4月第1版　2019年4月第1次印刷
书　　号／ISBN 978 - 7 - 5201 - 4401 - 8
定　　价／89.00元

本书如有印装质量问题，请与读者服务中心（010-59367028）联系

▲ 版权所有 翻印必究